Invitation à l'Opéra

Alain DUAULT

Invitation à l'Opéra

LAROUSSE

Conception et édition
Christian Mars

Iconographie
Catherine Marie Heuls

Maquette et mise en pages
Atelier Michel Ganne

Lecture-correction
Didier Pemerle

Fabrication
Nicolas Perrier

Photogravure
Prodima (Bilbao)

Impression
I. M. E.
25110 Baume-lès-Dames

Achevé d'imprimer : septembre 1999
Dépôt légal : octobre 1999

© Larousse-Bordas/HER 1999

Distributeur exclusif au Canada :
Messageries ADP,
1751 Richardson, Montréal (Québec)
ISBN 2-03-508020-7

« Toute représentation ou reproduction, intégrale ou partielle, faite sans le consentement de l'auteur, ou de ses ayants droits, ou ayants cause, est illicite » (article L.122-4 du Code de la propriété intellectuelle). Cette représentation ou reproduction, par quelque procédé que ce soit, constituerait une contrefaçon sanctionnée par l'article L.335-2 du Code de la propriété intellectuelle. Le Code de la propriété intellectuelle n'autorise, aux termes de l'article L.122-5, que les copies ou les reproductions strictement réservées à l'usage privé du copiste et non destinées à une utilisation collective, d'une part, et, d'autre part, que les analyses et les courtes citations dans un but d'exemple et d'illustration.

Sommaire

Chapitre 1
LES TEMPLES DE L'OPÉRA 7

Teatro alla Scala de Milan 8
Opéra de Vienne 8
Teatro di San Carlo de Naples 9
Covent Garden, Londres 9
Opéra Garnier, Paris 10
Opéra Bastille, Paris ... 10
Metropolitan Opera, New York 11
Théâtre Mariinski, Saint-Pétersbourg 11
Teatro Colón, Buenos Aires 12
Opéra de Sydney 12
Opéra de Berlin 13
Teatro Amazonas, Manaus 13
Teatro Olimpico, Vicence 14
Drottningholm 14
Teatre del Liceu, Barcelone 15
Teatro La Fenice, Venise 15
Festivals étrangers 16
Festivals français 18

Chapitre 2
LES ÉLÉMENTS DE L'OPÉRA 21

Les styles, le livret 22
Les voix 24
Décors et costumes 26
La mise en scène 30

Chapitre 3
LES FONDATEURS 33

La naissance de l'opéra 34
Claudio Monteverdi 36
Henry Purcell 38
Georg Friedrich Haendel 40
Giovanni Battista Pergolesi 42
Christoph Willibald Gluck 44
Wolfgang Amadeus Mozart 46

Chapitre 4
L'OPÉRA ITALIEN 51

La naissance du bel canto 52
Gioacchino Rossini 54
Vincenzo Bellini 56
Gaetano Donizetti 58
Giuseppe Verdi 60
Giacomo Puccini 64
Verdi a-t-il des héritiers ? 66
Le XXe siècle 68

Chapitre 5
L'OPÉRA ALLEMAND 71

Ludwig van Beethoven 72
Carl Maria von Weber 74
Richard Wagner 76
Richard Strauss 80
Les marginaux 82
L'école de Vienne 84
Les contemporains 86

Chapitre 6
L'OPÉRA FRANÇAIS 89

Les créateurs 90
Giacomo Meyerbeer 92
Jacques-Fromental Halévy 92
Hector Berlioz 94
Charles Gounod 94
Georges Bizet 96
Camille Saint-Saëns 96
Jacques Offenbach 98
Emmanuel Chabrier 98
Jules Massenet 100
La fin du XIXe siècle 102
Le renouveau 104
Les contemporains 106

Chapitre 7
LES AUTRES ÉCOLES NATIONALES 109

L'opéra russe 110
L'opéra anglais 114
L'opéra tchèque 116
L'opéra polonais 118
L'opéra hongrois 120
L'opéra espagnol 122
L'opéra américain 124

Chapitre 8
LES INTERPRÈTES DE LÉGENDE 127

Les grands interprètes 128
L'opéra au cinéma 136

Sélection discographique 142

LES TEMPLES DE L'OPÉRA

L'opéra, qu'est-ce que c'est ? Un théâtre avec un plateau, séparé de la salle par une fosse d'orchestre, des cintres pour y pendre les décors, des dessous d'où surgissent, par des trappes, décors ou personnages, des coulisses, des loges, des salles de répétition pour les solistes, pour les chœurs, pour l'orchestre, des ateliers de décors ou de costumes, des magasins de perruques ou de bijoux, d'armes ou d'accessoires...
Mais pour le public c'est avant tout un spectacle qui se joue sur une scène. Pourtant le spectacle commence avec le bâtiment, le théâtre lui-même, sa façade, son architecture, son escalier d'entrée, et se poursuit avec la décoration intérieure de la salle ou des couloirs, les éclairages, le raffinement des loges ou le velours des fauteuils. L'opéra comme genre n'est pas dissociable des lieux qui l'ont vu naître. Quelques-uns de ces lieux sont, dès leur nom prononcé, porteurs d'une magie qui semble en rayonner : la Scala de Milan, le Covent Garden de Londres, le San Carlo de Naples, le Colón de Buenos Aires, quelques autres...
Ce sont d'abord ces lieux enchantés que nous allons visiter ensemble, avant que le rideau se lève.

Opernhaus de Zurich, hall d'entrée.
Photo © Moatti/Kleinefenn. Sipa Press.

Teatro alla Scala, Milan

Teatro alla Scala de Milan.
Photo © Moatti/Kleinefenn. Sipa Press.

Stendhal avait raison quand, dès 1816, il décrivait la Scala comme « le premier théâtre du monde » : cela n'a pas changé. La forme et les proportions de la salle semblent quasiment parfaites, un ovale blanc, pourpre et or de quelque 2 400 places réparties en fer à cheval sur six niveaux enserrant un vaste parterre. La palette de couleurs est d'une rigoureuse simplicité : blanc rehaussé d'or pour l'ensemble des galeries, serties d'une bordure de velours pourpre, lequel, recouvrant aussi tous les fauteuils du parterre, s'oppose au blanc immaculé du plafond, orné seulement en son centre d'un immense lustre en forme de bouquet dont les fleurs de lumière semblent retomber lentement. Et cette splendeur visuelle s'accompagne d'une acoustique exceptionnelle, qui fait distinguer de partout la moindre inflexion du chant ou de l'orchestre.

Aujourd'hui encore, chaque année, l'ouverture de la saison de la Scala, le 7 décembre (jour de la Saint-Ambroise, le patron de la ville), est attendue comme un des événements majeurs de la vie lyrique internationale. Et tout véritable amateur d'opéra souhaite assister au moins une fois à un spectacle à la Scala.

Opéra de Vienne

Staatsoper de Vienne.
Photo © Moatti/Kleinefenn. Sipa Press.

Inauguré le 25 mai 1869 avec le *Don Giovanni* de Mozart chanté en allemand, l'Opéra de Vienne – qui s'appelle alors le « Hofoper » (l'Opéra de la cour) –, est destiné à affirmer la suprématie de la culture germanique contre l'offensive du bel canto. Pourtant, dans son classicisme affirmé, le style de la construction témoigne de l'influence italienne : façade clairement inspirée de la basilique de Palladio à Vicence, grand escalier à la fois luxueux et rigoureux, salle en fer à cheval, à l'italienne, avec ses quatre étages de loges (aujourd'hui ramenés à trois, les deux derniers niveaux étant occupés par plusieurs rangées de sièges en gradins), parterre dont la pente assez forte permet une excellente visibilité de partout. Originalité remarquable, en arrière du parterre, on peut voir une dizaine de rambardes alignées les unes derrière les autres : c'est là que, pour quelques schillings, les étudiants et les lyricophiles désargentés mais passionnés peuvent assister aux spectacles, souvent plus attentifs que nombre de ceux qui sont enfoncés dans leurs fauteuils...

À l'Opéra de Vienne, on a l'assurance d'une qualité musicale de tout premier ordre, par la conjonction du plus brillant orchestre du monde et des voix les plus belles qui s'y pressent, car c'est une distinction que d'avoir été admis à chanter sur la scène de l'Opéra de Vienne.

Teatro di San Carlo, Naples

Fiché en plein centre de la ville, bordé par une rue très encombrée de voitures, le San Carlo de Naples ne frappe guère l'imagination par sa façade monumentale, en dépit de la colonnade blanche qui borde le Grand Foyer, à l'étage supérieur. Mais, comme à la Scala, dès qu'on pénètre dans sa vaste salle, on est ébloui tout à la fois par l'harmonie des proportions d'un espace pourtant considérable (1 500 places aujourd'hui, mais 3 500 au XIXe siècle !), par la magnificence de la décoration entièrement rouge et or, avec ses six étages de loges qui semblent flamboyer dans leur encadrement de girandoles lumineuses, mais aussi par la très belle fresque du plafond peinte par Giuseppe Cammarano, bien visible du fait de l'absence du traditionnel lustre (la lumière provient uniquement des centaines d'appliques qui ceinturent la salle).

Et il y a toujours un plaisir certain à assister à un spectacle au San Carlo : nulle part ailleurs on n'entendra les mêmes cris d'enthousiasme d'un public de vrais passionnés qui continue à vouer aux chanteurs une sorte de culte sans cesse réaffirmé.

Teatro di San Carlo de Naples.
Photo © Moatti/Kleinefenn. Sipa Press.

Covent Garden, Londres

Quand, pour la première fois, on remonte Bow Street afin d'atteindre l'Opéra royal (The Royal Opera House), on cherche des yeux une grande place sur laquelle le fameux Covent Garden va offrir le prestige d'une façade, qu'on imagine victorienne… et on risque bien de passer à côté ! L'opéra est situé sur le bord de la rue, sans aucun recul. Pour apercevoir le beau péristyle corinthien qui orne la façade, avec ses six colonnes blanches surmontées d'un chapiteau, il faut traverser la rue et lever la tête. Pas la peine, non plus, de chercher une entrée monumentale : on entre là comme dans un club, par de petites portes de bois vernissé ouvrant sur des dégagements assez réduits qui conduisent à la salle. Mais quelle belle salle ! On y est saisi d'abord par la pureté de dessin, la souplesse de lignes du traditionnel fer à cheval, l'harmonie des ors et des rouges point trop sombres qui en constituent la décoration, par l'intimité résultant de la répartition des espaces : seulement trois rangs de loges qui paraissent vastes et profondes, au-dessus des baignoires à plusieurs rangs de fauteuils fixes, un paradis en forme d'amphithéâtre en gradins s'avançant largement. Inauguré en 1858 par *les Huguenots* de Meyerbeer, le jardin du couvent (c'est l'origine du nom de « Covent Garden ») a bien su, depuis, faire fructifier ses moissons.

Royal Opera House Covent Garden de Londres.
Photo © J. Moatti.

Opéra Garnier, Paris

Opéra national de Paris Garnier.
Photo © J. Moatti.

5 janvier 1875 : après quatorze ans de travaux et un dépassement financier vertigineux, le nouvel opéra construit par Charles Garnier est inauguré en grande pompe. Les premiers à pénétrer dans le nouveau temple, sont frappés d'abord par le grand escalier, « monument dans le monument » comme on le décrit aussitôt, un escalier à la fois majestueux et léger, festonné de colonnes et de loggias resplendissant des couleurs multiples des onyx d'Algérie, des marbres verts de Gênes, des porphyres rouges de Finlande ou de la brocatelle d'Espagne. Mais le Grand Foyer n'éblouit pas moins, avec ses dimensions impressionnantes (on y ferait tenir un immeuble de cinq étages) et le raffinement des peintures de Paul Baudry qui ornent son plafond. Enfin l'ample vaisseau circulaire de la salle séduit l'œil dès l'entrée par l'harmonie de ses rouges sombres sertis de vieil or, mariant, selon le souhait de Garnier, « la musique des sons à la musique des tons ». Et puis, bien sûr, il y a le fameux lustre en bronze et cristal, de quelque sept tonnes, qui illumine le plafond de Lenepveu, recouvert depuis 1964 par celui de Chagall.

On commencera, ce 5 janvier 1875, par une ouverture, et, paradoxe amusant, par celle d'un opéra d'Auber dont le rôle-titre ne chante pas une note : *la Muette de Portici*.

Opéra Bastille, Paris

Opéra national de Paris Bastille.
Photo © Moatti/Kleinefenn.

« Une mauvaise réponse à une question qui ne se posait pas » : cette définition lapidaire de l'Opéra Bastille donne bien le ton de l'atmosphère dans laquelle est né ce théâtre, au milieu de polémiques successives, de limogeages abusifs, de décisions arbitraires, d'erreurs initiales. Pourtant l'Opéra Bastille, c'est indéniable, attire un public nouveau, plus jeune, qui ne s'encombre d'aucun code vestimentaire et pénètre à l'aise dans cet immense hall qui ressemble à une vaste salle de cinéma, avec ces gradins frontaux permettant une visibilité bonne de partout. Sans doute le rapport scène-salle, démesuré, ne facilite-t-il pas l'émotion, mais le plateau, immense, servi de surcroît par une technologie de pointe, offre de considérables possibilités d'invention scénique. Bien qu'inauguré le 13 juillet 1989, l'Opéra Bastille ne fonctionne vraiment que depuis le 1er août 1995, date à laquelle a été nommé un directeur à sa (dé)mesure, Hugues Gall, auteur, quelques années plus tôt, de la définition citée plus haut... Aujourd'hui, il s'assigne pour tâche de constituer un répertoire pour ce théâtre, en assurant pour chaque spectacle une tenue musicale de premier ordre. Un pari sur l'avenir.

Metropolitan Opera, New York

Le « Met » : cette seule syllabe claque comme une formule magique. À vrai dire, cette célébrité de l'Opéra de New York, revient avant tout à l'ancien Met où ont défilé tous les plus grands de l'art lyrique du siècle. Mais l'ancien Met a été détruit en 1965 pour être remplacé par un énorme parallélépipède de béton, ouvert par une façade monumentale constituée de cinq hautes arches, derrière lesquelles se déploie un double escalier, encadré de part et d'autres de fresques de Chagall. Mais ce qui impressionne le plus, c'est la salle gigantesque : 3 824 places assises et 253 places debout. Avec une formidable réussite : de partout, on voit et on entend bien. En effet, la disposition en gradins, sur quatre étages de balcons au-dessus du parterre, permet une vision de face parfaite ; l'acoustique est tout aussi remarquable, avec notamment un plafond à éléments mobiles, offrant une audition d'une grande finesse en quelque lieu qu'on se trouve.

Inauguré le 16 septembre 1966, classique dans sa programmation, sage dans ses mises en scène, le Met est avant tout un Opéra où l'on vient jouir du plaisir des grandes voix.

Metropolitan Opera de New York.
Photo © Moatti/Klenefenn. Sipa Press.

Théâtre Mariinski, Saint-Pétersbourg

Le théâtre Mariinski est un des fleurons architecturaux de Saint-Pétersbourg, avec sa belle façade néoclassique, et surtout cette couleur vert pistache qui l'habille entièrement : pour peu que le ciel soit bleu et que le soleil luise, le théâtre resplendit comme un rare bijou.

L'intérieur est tout aussi éclatant : un parterre et cinq niveaux de loges à la française, c'est-à-dire ouvertes, sans les cloisons (qui sont la caractéristique des loges dites à l'italienne), un alliage délicat entre les ors, proliférants, et le velours bleu-vert qui recouvre fauteuils et chaises et sertit le bord des balcons. Comme un écho du vert de la façade, allié au mordoré qui décore les galeries, le plafond, les colonnes des loges officielles. L'effet est magnifique, dynamisé par un éclairage en petits lustres qui multiplie les rayons dorés.

Mais pour avoir aujourd'hui retrouvé sa splendeur, le théâtre Mariinski a connu des moments difficiles depuis son inauguration en 1860 : avec la révolution bolchevique, en 1919, il devient le Théâtre académique national d'Opéra et de Ballet (GATOP), avant d'hériter, en 1935, du nom d'un chef communiste (d'ailleurs assassiné par Staline) : Kirov. C'est sous ce nom qu'il se fera une réputation mondiale, essentiellement par son magnifique ballet. Ce n'est véritablement qu'à partir de 1963 que l'Opéra est complètement rééquipé et à partir de 1970 qu'il reprend une vie régulière. En 1990 enfin, il retrouve son nom

Théâtre Mariinski (Kirov) de Saint Pétersbourg.
Photo © J. Moatti.

de théâtre Mariinski en même temps que Leningrad redevient Saint-Pétersbourg.

Teatro Colón, Buenos Aires

Teatro Colón de Buenos Aires.
Photo © Secretaria de Turismo de la Nacion.

Sur la grande avenue centrale de Buenos Aires, alors qu'à quelques rues de là tournoient les rythmes entêtants et nostalgiques du tango, le Teatro Colón s'élève avec une sorte d'impressionnante monumentalité. Mais sa naissance a été difficile, pleine de rebondissements, un vrai livret d'opéra : le premier architecte meurt, le second est assassiné ; c'est le troisième qui achèvera le bâtiment en 1908. Si le Colón est extérieurement assez massif, la salle, elle, ne souffre aucunement de ses dimensions considérables : le théâtre offre pourtant près de 2 500 places assises (exactement 2 367), auxquelles il faut ajouter quelque 1 000 places debout ! La décoration, luxueuse, à base de rouges sombres, des fauteuils de velours cramoisi aux lourdes tentures séparant les loges des arrière-loges, le tout richement rehaussé de lumières disposées en grappes au bord des galeries, donne à ce théâtre une atmosphère presque intime en même temps que majestueuse.

Et le public n'a jamais manqué au Colón, la passion des Argentins pour l'opéra remplissant sans peine l'immense vaisseau lyrique. On dit même qu'un temps, des grilles ornaient une dizaine de loges en bordure du parterre, afin que les familles endeuillées puissent satisfaire leur passion sans contrevenir aux convenances sociales...

Opéra de Sydney

Opera House de Sydney.
Office du tourisme d'Australie.

L'image extérieure de l'Opéra de Sydney est connue dans le monde entier par la hardiesse et la beauté de son dessin architectural, sorte de grand voilier immobilisé sur l'eau, toutes voiles gonflées – des voiles de béton de quelque 60 mètres de hauteur ! C'est un architecte danois, Jörn Utzon, qui a eu l'idée de ce bâtiment futuriste, inauguré le 28 septembre 1973 avec *Guerre et Paix*, une œuvre de Prokofiev, elle aussi délibérément marquée par la modernité. Mais si Jörn Utzon a dessiné le bâtiment, c'est un quatuor d'architectes désigné par le gouvernement qui l'achève, remodelant l'intérieur de l'édifice, évacuant l'opéra de la grande salle principale devenue salle de concerts, pour lui en octroyer une, plus petite, de quelque 1 500 places.

C'est donc un étonnant paradoxe que ce bâtiment, dont la silhouette évoque pour beaucoup l'« opéra de l'avenir », ne soit qu'accessoirement dédié à l'opéra et que ses dimensions en limitent objectivement le répertoire et le rayonnement.

OPÉRA DE BERLIN

À Berlin, ce ne sont pas moins de trois opéras qui sont offerts aux lyricophiles. Mais c'est le Staatsoper, situé sur la mythique avenue Unter den Linden, qui conserve la primauté sur les deux autres, le Komische Oper et le Deutsche Oper. C'est en 1742 que le Hofoper (l'« Opéra de la cour ») est inauguré, sous le règne de Frédéric le Grand. Dessin rigoureux, portique corinthien : l'allure générale y est déjà. En revanche l'aménagement intérieur de la salle, au dessin en « U » et non en fer à cheval, connaîtra plusieurs remaniements, au gré des reconstructions. À la suite de la dernière, le Staatsoper (son nouveau nom, qu'il a reçu en 1919) rouvre ses portes, en 1955, avec un ouvrage symbolique : les Maîtres chanteurs de Nuremberg de Wagner. Mais la partition de Berlin met un frein au rayonnement donné à ce théâtre au début du siècle, qui a vu, par exemple, la création du *Wozzeck* d'Alban Berg en 1925, et aussi, à partir de 1933, Wilhelm Furtwängler présider à sa destinée. Aujourd'hui, c'est Daniel Barenboïm qui le dirige : il y accueille les meilleurs metteurs en scène et les plus grands artistes internationaux, redonnant un sang neuf à l'art lyrique qui, ces dernières décennies, demeurait ici figé dans un académisme et un immobilisme attristant pour une salle aussi belle.

Staatsoper de Berlin.
Photo © Moatti/Kleinefenn. Sipa Press.

TEATRO AMAZONAS, MANAUS

L'Opéra de Manaus a d'abord été un rêve, celui des barons du caoutchouc, nostalgiques du Vieux Continent, qui ont voulu édifier un lieu à la mesure de leur passion, de leurs souvenirs et… de leur volonté de puissance. La façade choisie, avec sa loggia bordée de colonnes corinthiennes, et son fronton de pierres rouges, frises et stucs blancs alternant, donne au bâtiment l'allure d'une grande villa coloniale. Il faudra plus de dix ans pour en mener à bien la construction, et cinq ans encore pour la décoration intérieure, réalisée avec des bois d'Amazonie, des pierres du Portugal, des marbres d'Italie, des mosaïques et des lustres de Venise, des horloges et trompe-l'œil de Paris, avant que le Teatro Amazonas ouvre ses portes le 31 décembre 1896.

On y entend alors et surtout de l'opéra italien, quelques opéras français, mais aussi les principaux ouvrages de Carlos Gomes, le seul grand compositeur lyrique brésilien. Hélas, en 1907, l'effondrement des cours du caoutchouc empêche la poursuite de l'exploitation du théâtre. Le bâtiment se dégrade peu à peu, et c'est seulement à la fin des années 1980 qu'est entreprise une restauration véritable et, le 29 mars 1990, au terme de travaux exemplaires, *Carmen* va déchirer le voile de plusieurs décennies de silence. L'Opéra de Manaus revit : le rêve est à nouveau réalisé.

Teatro Amazonas de Manaus.
Sipa Press.

Teatro Olimpico, Vicence

Teatro Olimpico de Vicence.
Photo © Moatti/Kleinefenn. Sipa Press.

En 1580, quand l'Accademia Olimpica de Vicence commande à Andrea Palladio un lieu pour représenter des spectacles de théâtre, elle lui assigne une ancienne forteresse, à l'intérieur de laquelle il va devoir imaginer une structure. C'est pourquoi le Teatro Olimpico n'existe pas de l'extérieur. On y accède par une simple porte et un couloir étroit, qui débouche soudain sur une salle dont la vision sidère le visiteur non préparé. On y est en effet plongé, d'un coup, dans l'univers du théâtre classique tel qu'on l'imagine au XVIIe siècle, celui de la Rome antique. La structure est simple : d'une part, un amphithéâtre de gradins, surmonté d'une colonnade, sur laquelle court une balustrade ornée de statues, et d'autre part une scène constituée d'un arc de triomphe central flanqué de part et d'autre de colonnes, portiques, frontons, frises, niches où s'inscrivent de multiples statues, le tout sur trois niveaux, laissant voir sept rues en perspective, ornées de palais, temples et arcades jusqu'à l'infini.

Due à Vincenzo Scamozzi, disciple et continuateur de Palladio, cette décoration est tout simplement celle de la pièce qui avait inauguré le Teatro Olimpico, le 3 mars 1585. Il s'agissait d'*Œdipe roi* de Sophocle, donné en italien, où les sept rues correspondaient aux sept portes de Thèbes, d'aspect bien plus romain que grec d'ailleurs, selon la convention de l'époque.

Depuis, tout ce qui s'est joué ici l'a été devant ce décor immuable, peut-être le plus beau décor d'opéra jamais construit – pour un temps où l'opéra n'existait pas, mais s'apprêtait à naître.

Drottningholm

Drottningholms Slottsteater.
Photo © B. Wanselius.

Quand, à quelques kilomètres de Stockholm, dans le parc de la résidence d'été de la reine de Suède, on pénètre dans cette salle de 454 places, inaugurée le 25 juillet 1766, on a le sentiment émerveillé de plonger dans le passé et d'être admis à la cour. La décoration, d'un rococo sans exubérance, se caractérise avant tout par une unité chromatique, une sorte d'ocre doré qui semble tout recouvrir d'une pellicule rêveuse. Sur la scène, les décors d'un opéra de Mozart ou de Gluck (on ne joue là que des ouvrages du XVIIIe siècle, c'est-à-dire contemporains du théâtre), des tentures et des voiles, dans les mêmes tons d'ocre que la salle. En contrebas, une étroite fosse, de plain-pied avec le parterre, dans laquelle les musiciens jouent en habit de satin doré et en perruque poudrée. Et juste derrière le pupitre du chef, à quatre pas, deux beaux et larges fauteuils : ceux des souverains. Derrière eux, sur des bancs recouverts de velours doré, le public (autrefois, la cour seulement). Quelques loges de côté, dont plusieurs sont séparées de la salle par une grille, pour préserver l'anonymat de certaines belles écouteuses, peut-être...

À la fin du XVIIIe siècle, le théâtre avait été fermé. Un pensionnaire de la Bibliothèque royale, en 1921, en découvre la trace dans un livre ; il parvient à se faire ouvrir le bâtiment endormi, et y découvre le théâtre et sa machinerie en parfait état de marche et même une trentaine de toiles peintes, prêtes à être déroulées dans les cintres. L'année suivante, le petit Opéra de Drottningholm, que les Suédois appellent le « Slottsteater », rouvre ses portes – pour ne plus les refermer.

Teatre del Liceu, Barcelone

Il était beau, le Liceu dans la fière Barcelone. Non que de l'extérieur il s'imposât, enclavé qu'il était entre des immeubles qui couraient tout au long de l'avenue. Mais, derrière cette façade blanche, l'intérieur était somptueux, avec ces fauteuils au style si caractéristique, fer forgé noir luisant et velours cramoisi, pouvant accueillir tout ce que la bonne société barcelonaise comptait de mélomanes : le Gran Teatre del Liceu était assurément un joyau. Il avait été inauguré en 1847, détruit par un incendie en 1861, reconstruit et réinauguré en 1862. Tous les grands d'Espagne de l'opéra en avaient rêvé d'abord, s'y étaient produits ensuite, les Victoria de Los Angeles, Teresa Berganza ou Montserrat Caballé, les Alfredo Kraus, José Carreras ou Placido Domingo.

Et puis, le 31 janvier 1994, il disparaît dans les flammes. Après la consternation, la décision de reconstruction est prise, un architecte désigné, Ignacio de Solà-Morales, la démolition d'une dizaine d'immeubles votée pour enfin désincarcérer le théâtre, le dotant d'une superficie presque triplée. Le plan prévoit une transformation considérable de l'aménagement technique, avec l'installation de scènes latérales, de plates-formes, d'ascenseurs permettant une alternance de spectacles dans des conditions de fonctionnement ultramodernes. L'inauguration est prévue : ce sera en décembre 1999, avec *Turandot*, l'opéra qui était en répétition au moment de l'incendie.

Gran Teatre del Liceu de Barcelone.
Photo © Moatti/Kleinefenn. Sipa Press.

Teatro La Fenice, Venise

A-t-il existé plus belle salle d'opéra que celle de La Fenice ? Construite à la fin du XVIIIe siècle pour remplacer le théâtre San Benedetto, détruit par un incendie (d'où son nom de Fenice c'est-à-dire phénix, l'oiseau qui renaît de ses cendres), elle enflamme l'imagination des poètes, des écrivains, des musiciens… et du public. Tout éblouit dans cette salle qui semble baigner dans une lumière mordorée, que les appliques et le lustre délicat font ricocher. Le plafond en tonnelle fait alterner les bleus doux et les stucs dorés. Le rideau de velours bleu nuit, broché de motifs tissés au fil d'or, est surmonté d'une petite statue représentant un oiseau, les ailes déployées : le phénix. Et l'atmosphère respire comme une intimité propre aux confidences et aux secrets.

Inaugurée en 1792 par un opéra de Paisiello, La Fenice est la proie des flammes en 1836. Reconstruite à l'identique en une année seulement, elle est de nouveau victime d'un terrible incendie dans la nuit du 20 février 1996. L'émotion est considérable et l'élan est tel qu'on parvient à peu près à réunir les sommes nécessaires à la reconstruction de nouveau à l'identique. En juin 1997, le chantier commence. Le maire de Venise promet la réouverture de La Fenice pour le 31 décembre 1999, pour qu'ainsi le phénix, encore une fois, renaisse de ses cendres… Mais c'est compter sans les infinies complications des situations à l'italienne. En 1998, le chantier est arrêté. Il devrait reprendre durant l'été 1999… à moins que des querelles l'interrompent à nouveau !

Gran Teatro La Fenice de Venise.
Photo © Moatti/Kleinefenn. Sipa Press.

Festivals étrangers

Festspielhaus de Bayreuth.
Photo © Moatti/Kleinefenn. Sipa Press.

Festival de Bayreuth

Le nom même de Bayreuth résonne pour le lyricomane wagnérien comme celui de La Mecque pour les musulmans. Au festival de Bayreuth en effet, on ne joue que des opéras de Wagner et l'on s'y rend comme en pèlerinage. Le matin, on va se recueillir à la Wahnfried, la maison du Maître, dans le jardin duquel il repose aux côtés de sa chère Cosima ; ensuite on rentre relire le livret et jeter un œil sur les principaux leitmotive de l'œuvre au programme du jour ; puis on s'habille et on se dirige vers la « colline sacrée », jusqu'au temple : le Festspielhaus. C'est un bâtiment de brique rouge, sans grâce (mais ça ne se dit pas), devant lequel on attend la sonnerie des trompettes annonçant qu'il est temps de pénétrer dans le sanctuaire, puisqu'on est le rare et heureux possesseur d'un billet, négocié au moins un an à l'avance (ou acheté plus tard au marché noir). On gagne alors sa place, un étroit siège en bois sans aucun confort (mais on n'est pas là pour ça !), on jette un œil discret vers l'« abîme mystique », c'est-à-dire la fosse d'orchestre – qu'on ne voit pas puisqu'elle est recouverte, afin que les sonorités de l'orchestre se fondent harmonieusement. Mais déjà le noir se fait ....

Festival de Salzbourg

On s'accorde à fixer la date de naissance du festival de Salzbourg au *Don Giovanni* dirigé par Richard Strauss le 14 août 1922. Durant ce même festival 1922, on affichait aussi *Cosi fan tutte*, *les Noces de Figaro* et *l'Enlèvement au sérail* : le ton était donné, Salzbourg serait dédié à Mozart, sa ville natale. En 1925 était ouvert le premier théâtre officiel du festival, le Festspielhaus, remplacé en 1960 par le Grosses Festspielhaus, une salle de 2 160 places, à la scène immense, à laquelle on allait adjoindre en 1963 une plus petite salle (Kleines Festspielhaus) ; en 1948 on ouvrait le superbe manège des Rochers, avec son arbre sur la scène et ses fameuses loges dont les metteurs en scène savent utiliser l'espace (les habitués se souviennent encore de ce qu'a su en faire Jean-Pierre Ponnelle avec *la Clémence de Titus* ou *la Flûte enchantée*, et même Karajan avec *Fidelio*). Karajan est d'ailleurs, avec Mozart, l'autre nom auquel on identifie le festival de Salzbourg : il y a dirigé, mis en scène et, surtout, il en a été le directeur, d'abord de 1957 à 1960, puis de 1964 à sa mort en 1989. Aujourd'hui, sous la direction de Gérard Mortier, le festival s'est ouvert à la modernité.

Festival de Glyndebourne

Se rendre à Glyndebourne est déjà un rituel. C'est comme si l'on se préparait à une visite chez des amis. Il y a de cela, d'ailleurs, dans l'origine même de ce festival atypique. Car tout a commencé par le désir d'un riche amateur, John Christie (époux d'une belle soprano, Audrey Mildmay), de s'offrir un théâtre où l'on pourrait donner des représentations d'opéra modèles, dans un environnement idéal et où, accessoirement, sa belle épouse pourrait aussi se produire. Ce qu'il réalisa donc en 1934 dans son vaste domaine du Sussex, pour ses amis d'abord et pour un public fidèle ensuite. Depuis, qu'on y vienne en train ou en automobile (le parking réunit la plus forte concentration de Rolls-Royce et de Bentley qu'on puisse imaginer !), c'est toujours une sorte de partie de campagne chic avec ses toilettes recherchées, ses fameux pique-niques de l'entracte sur la pelouse. Mais c'est toujours, aussi – la réputation de Glyndebourne y est accrochée –, l'excellence musicale, symbolisée par la kyrielle des noms qui se sont succédé sur cette petite scène, de John Brownlee à Kathleen Ferrier ou de Denise Duval à Régine Crespin. En 1996, on a construit un nouveau théâtre pour le festival, plus grand, plus moderne, mieux équipé. Les nostalgiques de l'ancien bâtiment sont inconsolables. Pourtant, l'héritage de John Christie est ainsi perpétué.

Glyndebourne Festival Opera.
Photo © M. Hoban.

Festival de Vérone

Quand on prononce le nom de Vérone, dans le monde entier, c'est aux amants qu'on songe, à Roméo et Juliette. Mais pour les amateurs d'opéra, Vérone est le nom du plus vaste lieu festivalier du monde : des arènes romaines qui chaque été s'emplissent en juillet et août de quelque 20 000 spectateurs à chaque représentation ! Et si l'on y vient de partout, du Japon comme des États-Unis, d'Allemagne comme d'Argentine, de France comme d'Australie, on y vient aussi beaucoup d'Italie. Car Vérone est demeuré une véritable fête populaire où les familles accourent ensemble, parents et enfants rassemblés avant le spectacle sur les gradins où l'on pique-nique. Et quand, la nuit tombée, le spectacle s'apprête, on voit s'allumer de partout des centaines, des milliers de petites bougies qui font au chef d'orchestre à son entrée un parterre d'étoiles vivantes : geste symbolique qui rappelle le temps où les amateurs suivaient chaque opéra, une partition sur les genoux, éclairée d'un simple petit lumignon. Une lumineuse débutante d'ailleurs y fit sa première apparition sur le sol italien en 1947 : Maria Callas.

Arena di Verona.
Photo © G. Fainello. Archivio Ufficio Stampa Arena di Verona.

FESTIVALS FRANÇAIS

Théâtre de l'Archevêché d'Aix-en-Provence.
Photo © E. Carecchio.
Archives du Festival.

FESTIVAL D'AIX-EN-PROVENCE

Le premier bonheur du festival d'Aix-en-provence, c'est Aix-en-Provence, cette ville aux murs couleur de miel, où le cours Mirabeau est un peu comme des Champs-Élysées avec l'accent. C'est là qu'en 1948, dans la cour intérieure de l'ancien palais de l'Archevêché, un esthète amoureux des voix, Gabriel Dussurget, a fondé ce qui allait devenir l'équivalent français de Salzbourg ou de Glyndebourne, en y invitant des talents nouveaux qu'il détectait comme un sourcier, de Teresa Berganza à Gabriel Bacquier ou de Teresa Stich-Randall à Leopold Simoneau ou Christiane Eda-Pierre, en attirant comme décorateurs de grands peintres tels Cassandre, Balthus, Derain, Léger, ou Masson, faisant du festival d'Aix le rendez-vous incontournable de l'été. Son successeur, Bernard Lefort, confirmera la vocation mozartienne du festival, mais en y introduisant le bel canto romantique et en faisant appel à quelques monstres sacrés du chant, de Montserrat Caballé à Marilyn Horne ou à Grace Bumbry, et à une nouvelle génération de metteurs en scène comme Jorge Lavelli ou Pier Luigi Pizzi. À partir de 1982, Louis Erlo mettra l'accent sur la redécouverte d'un répertoire baroque, incarné notamment par la présence régulière de William Christie dans la fosse. Aujourd'hui, Stéphane Lissner doit assumer l'héritage : il a donné le ton dès sa première édition de 1998 en affichant,

Théâtre d'Orange.
Photo © Grand Angle/P. Gromelle.

entre autres, *Don Giovanni* mis en scène par Peter Brook et *le Château de Barbe-Bleue* de Bartók mis en scène par Pina Bausch et dirigé par Pierre Boulez. Mais, surtout, il a créé, en parallèle au festival, une Académie riche déjà de tout l'avenir musical d'Aix-en-Provence.

CHORÉGIES D'ORANGE

À Orange, le premier choc est celui du mur. C'est un des rares murs de scène de théâtre romain encore debout et son demi-cercle de gradins, pouvant accueillir près de 10 000 spectateurs, est lui aussi en bon état. Mis à jour par des fouilles en 1835, le théâtre d'Orange a été inauguré comme scène lyrique dès 1869 avec *Joseph* de Méhul. Mais ce n'est que depuis 1971 qu'un festival d'opéra s'y déroule. Ce sont d'abord Jacques Bourgeois et Jean Darnel qui ont offert quelques soirées mémorables, le *Tristan* de 1973 avec Jon Vickers et Birgit Nilsson sous la baguette de Karl Böhm, la *Norma* de 1974 avec Montserrat Caballé au sommet de son art, l'*Otello* de 1975 avec un Jon Vickers électrique, le *Fidelio* de 1977, avec encore Jon Vickers et la fascinante Gundula Janowitz sous la baguette de Zubin Mehta.

Depuis 1982, Raymond Duffaut poursuit l'œuvre des Chorégies, proposant, année après année, des ouvrages dont certains n'avaient jamais été donnés dans le théâtre, comme le somptueux *Boris Godounov* de 1985, un *Don Carlo* magnifique, un *Vaisseau fantôme* digne de Bayreuth, ou, en 1993, une *Traviata* avec, dans le rôle d'Alfredo, un jeune ténor qui s'appelait Roberto Alagna...

LES ÉLÉMENTS DE L'OPÉRA

De quoi parle-t-on quand on parle d'opéra ? *Seria* ou *buffa* ? Opéra-comique ou grand opéra ou bien encore opéra-ballet ? Et que faut-il pour composer un opéra ? Un livret ? Des voix ? Mais qu'est-ce qu'une voix d'opéra ? Quelles différences y a-t-il entre une soprano et un baryton, entre un ténor et une mezzo ? Pourquoi les amants sont-ils des ténors et les traîtres des barytons ? Pourquoi les décors imaginés par Lully ou Wagner ne ressemblent-ils pas à ceux qu'on voit aujourd'hui sur les scènes d'opéra ? Quels costumes peuvent raconter l'histoire de personnages aussi imaginaires que ceux de *la Flûte enchantée* ? La lumière peut-elle servir de décor ? À quoi ressemblait le costume de *Don Giovanni* il y a deux siècles ? En quoi l'égyptologue Auguste Mariette ou le couturier Kenzo ont-ils apporté leur pierre à l'histoire de l'opéra ? À quoi sert un metteur en scène ? Pourquoi les chanteurs ne peuvent-ils décider chacun pour soi la manière dont ils vont se rencontrer, s'affronter, s'aimer, se haïr, en chantant ?...
L'opéra est rempli de questions qui entraînent d'autres questions. Tentons d'abord de nous orienter entre les différents éléments qui, réunis, permettent aux voix de s'élever, et au spectacle de commencer.

Teatr Wielki de Varsovie.
Photo © Moatti/Kleinefenn. Sipa Press.

LES STYLES

Qu'il soit italien ou français, allemand ou russe, un opéra c'est toujours un livret et de la musique. On pourrait d'ailleurs s'arrêter à cette définition minimale.
    Mais l'opéra c'est aussi un ensemble de styles : l'*opera seria* (ne comportant ni scène ni personnage comique, et dont, à l'origine, le sujet est puisé dans la mythologie ou l'histoire ancienne) ; l'*opera buffa* (ne comportant, a contrario, seulement que des éléments et personnages comiques) ; l'*opéra-comique* (qui fait alterner dialogues parlés et pages musicales, mais qui n'est pas nécessairement comique : *Carmen* est un opéra-comique !) ; le *grand opéra* (tiré d'un sujet épique ou historique et comportant de vastes scènes chorales, une mise en scène grandiose et au moins un ballet), etc.
C'est surtout un ensemble de conventions – la principale étant qu'on y exprime *en chantant* une action dramatique mise en musique et jouée sur scène.

Représentation d'*opera seria* au XVIIIe siècle.
Musée de la Scala de Milan.
Coll. particulière.

LE LIVRET

Lorenzo Da Ponte.
Gravure de Michele Pekenino d'après Nathaniel Rogers.
D.R.

Cette action dramatique, (le texte donc), est inscrite dans le *livret*. Il y en a eu de fort divers à travers les quelque quatre siècles de l'histoire de l'opéra. Certains librettistes ont même été des pourvoyeurs à répétition, versifiant sans état d'âme pour n'importe quel compositeur des histoires basées sur un canevas sans guère de changement – ainsi de Métastase au XVIIIe siècle, ou de Scribe (le bien nommé !) au XIXe.

Mais à côté de ces livrets sans grand intérêt, prétextes au surgissement de la musique dite « pure », et dont l'époque du bel canto a vu la multiplication, prétextes aussi à des scènes spectaculaires (à l'époque dite « du grand opéra »), quelques livrets d'opéras ont été suffisamment marquants pour faire retenir le nom de leurs auteurs presque à égalité avec celui du compositeur : c'est le cas au XVIIIe siècle de Lorenzo Da Ponte, une sorte d'aventurier à facettes multiples, prêtre et débauché, qui fut l'introducteur de l'opéra aux États-Unis, mais qui demeurera dans les mémoires pour avoir rédigé les livrets des trois chefs-d'œuvre de Mozart, les Noces de Figaro, Don Giovanni et Cosi fan tutte. Les librettistes des opéras de Rossini, Bellini ou Donizetti n'ont guère marqué les esprits ; ceux de Verdi pas plus – à l'exception d'Arrigo Boïto, remarquable auteur des livrets d'Otello et de Falstaff, qui sera lui-même un compositeur assez estimé (notamment avec son Mefistofele). Mais Verdi ne ménageait pas ses librettistes, les relançant sans patience dès qu'il était entré dans la phase de composition active, leur adressant des « monstres », c'est-à-dire des canevas précis et contraignants (3 vers de 5 pieds, 2 vers de 8 pieds, 2 vers de 4 pieds, etc.) destinés à coller à la musique qu'il avait déjà composée !

PAROLES ET MUSIQUE

Parfois même, il écrivait lui-même telle ou telle partie du livret quand il n'en pouvait plus d'attendre et envoyait ses vers au librettiste afin qu'il les intègre, sans discussion possible, au livret qu'il signerait ! Ainsi, le duo final d'Aïda, « O terra addio », est entièrement de la main de Verdi, comme en témoigne cette lettre parfaitement hypocrite à son librettiste : « Cher Ghislanzoni, j'ai reçu vos vers. Ils sont merveilleux, mais pas tout à fait ce que je souhaite. Et puis vous les avez envoyés bien tard et j'ai déjà composé ma musique sur les vers monstrueux que je vous ai fait parvenir. » Avec Wagner, le processus est plus clair : il a toujours rédigé les livrets de ses opéras, les « poèmes » comme il disait, et nombre de ses correspondances montrent qu'il se considérait souvent meilleur poète que musicien ! C'est aussi ce qu'a fait Olivier Messiaen à notre siècle pour son Saint François d'Assise, ou Berg pour Wozzeck et Lulu.

Au XIXe siècle, quelques couples de librettistes ont su acquérir une certaine célébrité : ainsi de Jules Barbier et Michel Carré, auteurs de très nombreux livrets, notamment ceux de Faust ou de Roméo et Juliette pour Gounod, du Pardon de Ploërmel pour Meyerbeer, de Mignon ou d'Hamlet pour Thomas ou encore des Contes d'Hoffmann pour Offenbach. Offenbach précisément a beaucoup utilisé un autre couple célèbre de librettistes, Henri Meilhac et Ludovic Halévy, auteurs entre autres pour lui des livrets de la Belle Hélène, Barbe-Bleue, la Grande Duchesse de Gérolstein, la Vie parisienne, la Périchole, les Brigands...

En Italie, le couple attaché au nom de Puccini est formé par Luigi Illica et Giuseppe Giacosa, auteurs des livrets de la Bohème, de Tosca ou de Madame Butterfly... Mais on ne peut, quand on parle de librettistes, omettre le nom de Hugo von Hofmannsthal, un des plus grands poètes et auteurs dramatiques autrichiens, qui a fourni à Richard Strauss des livrets d'une exceptionnelle tenue littéraire pour Elektra, le Chevalier à la rose, la Femme sans ombre, Hélène d'Égypte ou Arabella.

Hugo von Hofmannsthal.
D.R.

Frontispice du livret de la Flûte enchantée de Mozart (1794).
Paris, Bibliothèque nationale.
© Archives Larbor.

Lucia di Lammermoor de Donizetti, caricature. Coll. particulière.

LES VOIX

Pour donner son expressivité au livret et à la musique qui le met en mouvement, l'autre élément essentiel de l'opéra, ce sont bien sûr les voix. Elles sont le siège même de la convention que concentre l'opéra, car à chaque rôle, de la jeune fille pure au traître cauteleux, correspond une sorte de code vocal qui éclaire immédiatement l'auditeur – quels que soient l'âge réel et l'apparence du chanteur. Une basse ne sera jamais identifiée à un jeune homme, une mezzo sombre ne représentera pas plus une jeune vierge, un ténor ne chantera évidemment pas un vieux roi. C'est pourquoi la jeune et ambitieuse Manon est forcément une soprano, alors que Carmen, avec son expérience des hommes et de la vie est une mezzo. C'est pourquoi encore Werther est un ténor alors que Don Giovanni, endurci par ses séductions successives, est un baryton-basse. De même, chez Wagner, Siegfried ou Tristan, deux jeunes hommes héroïques, sont des ténors alors que le vieux roi Marke est une basse. Quant à ceux qui ont l'âge ambigu de l'adolescence, comme Chérubin ou Octavian, ils sont représentés par des voix elles aussi ambiguës : celles de mezzo jouant en travesti.

Mais avant même l'appréhension de ce code vocal, dont la détermination est d'abord psychologique, les voix d'opéra possèdent plusieurs caractéristiques intrinsèques, qui les définissent : *l'étendue*, c'est-à-dire l'ensemble des notes, de la plus grave à la plus aiguë, que peut émettre une voix ; la *tessiture*, c'est-à-dire le registre à l'intérieur duquel la voix est le plus facilement émise (par exemple, dans une même étendue de soprano, la tessiture de soprano dramatique est plus grave que celle de soprano lyrique) ; le *timbre*, c'est-à-dire la signature d'une voix, ce mélange du son principal et des harmoniques qui donne à la voix sa « couleur » expressive et permet de la différencier et de la reconnaître ; la *puissance*, variable selon les styles (Rossini ou Gounod par exemple ne requièrent par la même puissance que Wagner ou Strauss), mais qui est de toutes façons très importante (facilement plus de 120 décibels).

À l'opéra, les voix sont classées en trois ordres principaux pour les femmes comme pour les hommes, à l'intérieur desquels on a coutume d'opérer des divisions secondaires.

Semiramis de Rossini au Royal Opera House de Londres. Gravure anonyme. Paris, musée Carnavalet. Photo Michel Didier. © Archives Larbor.

SOPRANOS ET TÉNORS

La voix de femme la plus haute est la voix de *soprano*. Elle peut être soprano *léger* (parfois *colorature*) : c'est la voix de Lakmé, de Gilda (de *Rigoletto*) ou de la Reine de la Nuit (de *la Flûte enchantée*). Elle peut être soprano *lyrique* : c'est la voix d'Elvira (de *Don Giovanni*), de Leonora (du *Trouvère*) ou de Marguerite (de *Faust*). Elle peut être soprano *dramatique* : c'est la voix d'Isolde (de *Tristan et Isolde*), d'Elektra, de Tosca. Bien sûr il existe nombre de subdivisions encore plus subtiles, du soprano lyrique *léger* à la *dugazon* ou de la *falcon* à la colorature *dramatique*, le soprano *dramatique d'agilité,* le soprano *sfogato* ou le soprano *lirico-spinto*, mais elles ne sont opérantes que dans des ouvrages spécifiques.

La voix de femme intermédiaire est la voix de *mezzo-soprano*, couramment appelée *mezzo*. Elle s'applique généralement à des rôles de femmes fatales, de Carmen à Dalila (de *Samson et Dalila*) en passant par Kundry (de *Parsifal*), Vénus (de *Tannhäuser*) ou Eboli (de *Don Carlos*). Elle peut aussi peindre une héroïne raisonnable, comme Charlotte (de *Werther*), un personnage indistinct, comme Mélisande, ou encore un rôle travesti, comme Roméo (d'*I Capuleti e i Montecchi*) ou Octavian (du *Chevalier à la rose*).

La voix la plus grave de femme est le contralto. Elle est souvent affectée aux sorcières, telle Ulrica (du *Bal masqué*) ou aux voyantes, comme Marfa (de la *Khovantchina*), ou encore à des divinités d'outre-tombe, telle Erda (dans le *Ring*). Mais elle a aussi remplacé les voix de castrats et c'est ainsi qu'on la retrouve pour de nombreuses héroïnes de Rossini.

La voix d'homme la plus haute est celle de *ténor*. Il peut, comme la soprano dont il est le partenaire privilégié, être ténor *léger* : c'est le cas de Tamino (de *la Flûte enchantée*), ou d'Almaviva (du *Barbier de Séville*). Il peut être ténor *lyrique* : voix de Manrico (du *Trouvère*), de Walther (des *Maîtres chanteurs*) ou de Des Grieux (de *Manon*). Il peut être ténor *dramatique* : ce sont les voix de Tristan, Siegfried, d'Énée (des *Troyens*), et Otello. Chez le ténor, comme chez la soprano, les subdivisions sont nombreuses, du ténor *lirico-spinto* au ténor *contraltino* en passant par le ténor *de demi-caractère*, le *Heldentenor*, le ténor *di grazia*, le *trial,* etc.

La voix d'homme intermédiaire est le *baryton*. Équivalent du mezzo chez les femmes, c'est une voix elle aussi très variée : le *baryton Martin* : c'est la voix, claire, de Pelléas. ; le *baryton Verdi* : c'est la voix, noire, dramatique, de tous les grands rôles de baryton des opéras de Verdi, de Rigoletto à Germont (de *La traviata*) ou de Macbeth à Iago (d'*Otello*) en passant par Posa (de *Don Carlos*) ; *baryton-basse* : c'est la voix, puissante, très timbrée, de Don Giovanni, de Wotan (du *Ring*) ou de Hans Sachs (des *Maîtres chanteurs*).

La voix d'homme la plus grave est la *basse*. Si, pour elle aussi, les subdivisions peuvent être nombreuses, les deux grandes catégories en sont la basse *chantante* et la basse *profonde*. À la première correspondent les rôles de Philippe II (de *Don Carlos*), de Grémine (d'*Eugène Onéguine*) ou de Méphisto (de *Faust*). À la seconde, ceux de Sarastro (de *la Flûte enchantée*), de Hunding (du *Ring*), ou du Grand Inquisiteur (de *Don Carlos*).

Bien sûr, au cours d'une carrière, nombre de voix évoluent et des ténors peuvent être amenés à chanter en voix de baryton, des sopranos en voix de mezzo ; les timbres peuvent évoluer et, conséquemment les emplois. Enfin, au long de l'histoire de l'opéra, une catégorie particulière de voix a disparu : celle des castrats (qui étaient eux-mêmes différenciés en altos ou sopranos). Ils sont aujourd'hui remplacés par des contre-ténors ou par des voix féminines. Mais l'essentiel de la typologie des voix d'opéra, avec ce code vocal qui en accompagne l'appréhension psychologique, suffit à s'orienter dans la totalité de l'histoire de l'opéra.

John Bull à l'Opéra italien de Londres.
Caricature de Thomas Rowlandson.
Londres, Victoria and Albert Museum.
© Archives Larbor.

La Flûte enchantée de Mozart, acte I, scène 6. Décor de Karl Friedrich Schinkel. Berlin, 1815. Paris, Bibliothèque-musée de l'Opéra. Photo Jeanbor. © Archives Larbor.

DÉCORS ET COSTUMES

L'histoire du décor d'opéra est complexe et elle est le produit tout autant du développement de la technique que de l'évolution de la conception plastique de l'opéra. Il est d'abord l'héritier des perspectives caractéristiques de l'art de la Renaissance, puisque les toiles peintes, constituent le tout, par ailleurs souvent fastueux, de la conception décorative. Les Italiens, parce qu'ils dominent alors l'univers de la peinture, s'imposent : à la fin du XVIIe siècle, la dynastie des Galli-Bibiena conçoit des architectures peintes en trompe-l'œil, et des perspectives obliques. Les frères Galliari puis Pietro Gonzaga innovent dans l'emploi des couleurs, pour « amener le soleil sur la scène ». Alessandro Sanquirico, auteur de décors très admirés à la Scala, Carlo Ferrario, le décorateur favori de Verdi, et Antonio Rovescalli poursuivront cette tradition de somptueux décors peints.

DES TOILES PEINTES...

En France, Jean Berain va entamer avec Lully une collaboration fructueuse qui le fera désigner comme « le grand créateur du pays d'opéra ». Plus intéressé par l'équilibre des lignes et la grâce des détails que par les effets de machinerie, il induit un « style français » que poursuivra le peintre François Boucher quand, en 1737, il sera nommé décorateur de l'Opéra, en partie influencé par Niccolo Servandoni, dont les spectaculaires décors en style rocaille font un moment florès à travers toute l'Europe.

L'évolution du goût amène peu à peu le décor d'opéra à une certaine forme de réalisme. L'attention toujours plus grande portée à l'éclairage en modifie profondément la conception. En 1781, Lavoisier mène des expériences destinées à redistribuer la lumière sur les décors au moyen de réflecteurs. En 1809, on avance l'idée de l'extinction des feux dans la salle durant les représentations, afin de mettre en valeur la scène, qui demeure seule éclairée. Ciceri, engagé à l'opéra comme « peintre de paysages », signe les décors célèbres du *Comte Ory* de Rossini, de *la Muette de Portici* d'Auber (avec une mémorable perspective du Vésuve vu à travers un somptueux palais), de *Guillaume Tell* de Rossini, de *Robert le Diable* de Meyerbeer. Il collabore avec Louis Daguerre qui, avant d'être un pionnier de la photographie a été décorateur à l'Opéra, parvenant par exemple à suggérer l'illusion de nuages mouvants, couvrant ou découvrant la lune, ou mettant en place les premiers « panoramas ». C'est lui qui, en 1822, avec Ciceri toujours, utilise pour la première fois l'éclairage au gaz, à l'occasion des représentations d'*Aladin ou la Lampe merveilleuse* d'Isouard. La curiosité pour les voyages et l'archéologie contribue alors à un nouvel essor du décor d'opéra, auquel l'apport de l'électricité ouvre bientôt un registre neuf.

Dès 1908, Alexandre Astruc, le fondateur du théâtre des Champs-Élysées, pousse les décorateurs à mettre en relation le monde des sons avec celui des formes et des couleurs. Mais la tradition de faire appel aux peintres de chevalet va se développer surtout après 1945 où l'on sollicite à l'Opéra de Paris aussi bien Fernand Léger et Utrillo que, plus récemment, Arroyo ou Vasarely. Au festival d'Aix-en-Provence, sous l'impulsion de Gabriel Dussurget, on accueille les Derain, Brayer, Balthus et autre Cassandre, puis, plus récemment, un Jean-Paul Chambas, tandis qu'à l'Opéra de Marseille, c'est Bernard Buffet qui peint les décors de *Carmen*. Pendant ce temps Salvador Dalí signe ceux d'une *Salomé* au Covent Garden de Londres, avant que David Hockney ne réussisse un magnifique univers visuel pour *The Rake's Progress* de Stravinsky à Glyndebourne. Quant à Chagall, lui, s'il ne peint pour l'Opéra de Paris que le fameux plafond du palais Garnier, il réalise des décors pour le Metropolitan Opera de New York.

Pendant ce temps, en France, dans la lignée des Russes Alexandre Benois ou Bilibine, on continue d'offrir des visions somptueuses : Georges Wakhévitch (*Dialogues des carmélites* en création mondiale à la Scala de Milan, *Un Bal masqué* à l'Opéra de Paris ou *Mireille* aux Baux-de-Provence), Jacques Dupont (*Don Carlos* ou *Turandot* à l'Opéra de Paris ou *Pelléas* à Aix) ou encore Bernard Daydé (dont on se rappelle l'impressionnant décor du *Grand Macabre* de Ligeti à l'Opéra de Paris en 1981).

Dans les pays germaniques, après la floraison des décorateurs venus d'Italie,

The Death of Klinghoffer de J. Adams.
Mise en scène de Peter Sellars.
Décors de George Tsypin
Opéra national de Lyon, 1991.
Photo © G. Amsellem.

Karl Friedrich Schinkel conçoit en 1816 pour Berlin les décors d'une *Flûte enchantée* qui seront repris durant plus de quinze ans. Mais ce sont les réflexions du scénographe Adolphe Appia ainsi que les réalisations d'Alfred Roller à l'Opéra de Vienne au début du XXᵉ siècle qui vont transformer complètement l'esprit du décor dans les théâtres allemands. Auteur des décors et costumes pour la création du *Chevalier à la rose* à Dresde en 1911 et de *la Femme sans ombre* à Vienne en 1919, il stylise les visions théâtrales pour laisser leurs vraies places à la musique et au drame. Peu après, à Berlin, Caspar Neher développe les mêmes conceptions. Mais c'est Wieland Wagner, le petit-fils du compositeur, qui va transformer le plus nettement l'esthétique du décor. Marqué lui aussi par les écrits et les réalisations de ses prédécesseurs, il met en œuvre, en particulier à Bayreuth, un style qui va bouleverser la représentation des drames de Wagner, abandonnant toute pompe pseudo historique et tout naturalisme au profit d'une approche plus abstraite accordant une importance essentielle à la lumière qui constitue la matière même du décor.

Le Grand Macabre de Ligeti.
Décors et costumes de Bernard Daydé.
Opéra national de Paris, 1981.
Photo © J. Moatti.

... AU LASER

Durant ces dernières décennies, de nombreux décorateurs se sont révélés, de John Copley à Stefanos Lazaridis ou de Josef Svoboda, un étonnant sculpteur de lumière dans la lignée de Craig, à Richard Peduzzi, le collaborateur régulier de Patrice Chéreau, dont les magnifiques décors du *Ring* du centenaire, à Bayreuth, ont fait sensation.

Les Indes galantes de Rameau. **Costume de Nicolas Boquet.** Paris, Bibliothèque musée de l'Opéra. © Archives Larbor.

On citera encore Max Bignens, qui a beaucoup travaillé avec Jorge Lavelli, Ezio Frigerio, le partenaire privilégié de Giorgio Strehler, Lila de Nobili, Nicola Benois, Filippo Sanjust — et puis Jean-Pierre Ponnelle, Franco Zeffirelli ou Pier Luigi Pizzi qui, tous, se tourneront bientôt vers la mise en scène.

Après le passage des toiles peintes aux éléments construits, l'irruption de l'électricité, et une période d'euphorie réaliste dont les surcharges se révélaient coûteuses et dramaturgiquement alourdissantes, après l'effet régénérateur des théories d'Adolphe Appia et leur réalisation effective par Wieland Wagner, le style du décor d'opéra tend, depuis les années 1980, à réaliser un compromis entre réalisme et ascétisme, usant des technologies nouvelles (laser, lumière noire, etc.) mais au service de l'expressivité plus que d'une volonté figurative. Pourtant une constante semble décriée par nombre de spectateurs : celle d'un éclairage réduit qui plonge souvent les scènes dans le noir…

POUR TOUS LES GOÛTS

Le costume est destiné à s'insérer de manière harmonieuse dans l'univers du décor, du moins est-ce la conception que nous en avons aujourd'hui. Mais il n'en a pas toujours été ainsi et, à l'époque des castrats glorieux, ceux-ci pouvaient se permettre d'entrer en scène dans des costumes chamarrés, couverts de

Rigoletto de Verdi. **Costumes des principaux personnages de l'opéra.** Ricordi, musée Théâtral de la Scala de Milan. © Archives Larbor.

plumes et sans aucun rapport avec le décor, ni avec l'action, ni même avec le rôle qu'ils étaient censés incarner ! Le souci de réalisme n'apparaît que vers la fin du XVIIIe siècle, et prévaut à peu près partout à partir du XIXe siècle. Le style des costumes est alors simplement dicté par les situations inscrites dans le livret, avec un rendu parfois fantaisiste ou poétique des indications géographiques ou historiques. Il est clair que les costumes des Romains de *Norma*, ceux des Écossais de *Lucia di Lammermoor* ou encore ceux des Japonais de *Madame Butterfly*, tels qu'on les voit sur les gravures des créations de ces ouvrages, auraient de quoi faire sursauter un historien du costume, mais un effort de réalisme s'y manifeste, même s'il ne peut alors être distinct d'un certain code. Quant aux casques à cornes et aux peaux de bête de nombre de personnages wagnériens, ils sont aussi les témoins d'un certain type de représentation picturale des dieux des légendes nordiques.

En revanche les costumes de la création d'*Aïda*, au Caire, sont d'un réalisme soigné, les maquettes en ayant été réalisées par l'égyptologue Auguste Mariette d'après les monuments égyptiens, allant pour le fameux défilé de l'acte II jusqu'à les relever dans la tombe de Ramsès III ! La seule véritable impossibilité à l'opéra, au XIXe siècle, c'est de faire jouer les œuvres en costumes contemporains : ainsi, quand Verdi veut faire représenter sa *Traviata* dans les costumes de son époque, celle à laquelle se déroule le drame, il en est empêché !

Au XXe siècle, la logique du costume suit l'évolution de celle du décor selon plusieurs options. C'est parfois une intégration poétique assez réussie – de Jean Hugo en 1924 taillant et peignant les costumes de *Roméo et Juliette* avec une technique unique, mariant ainsi l'acteur au décor, à Léon Bakst considérant le personnage comme une simple tache colorée mouvante détachée du fond du décor, ou encore à Bob Wilson faisant appel au couturier Kenzo pour ses nouveaux costumes de *la Flûte enchantée*, éclatants de couleurs, s'intégrant aux grandes toiles abstraites hypercolorées. D'autres fois, une abstraction vaguement codée des costumes, assez interchangeables, répond à l'abstraction des décors : c'est le cas des spectacles de Wieland Wagner et de ses émules. Le plus souvent, on observe la volonté de mettre en œuvre un réalisme plus soigné, qui donne à voir sur les scènes internationales de beaux costumes, dans de belles matières, reconstituant de véritables tableaux en même temps qu'ils portent une signification sociale, historique, voire psychologique. Mais même avec ce souci de réalisme renouvelé, des codes vestimentaires se répercutent de scène en scène, créant parfois un nouvel « académisme » : récurrence des costumes aux couleurs éteintes, des innombrables longs manteaux de cuir noir, qui semble un tic « moderniste ». La seule considération tout à fait propre au XXe siècle, c'est la possibilité assumée d'intégrer des costumes contemporains, ce dont les metteurs en scène ne se priveront pas, proposant Wotan en smoking, Don Giovanni en jeans, Rigoletto en costume croisé, Marguerite en camisole ou Chérubin en bermuda…

La Flûte enchantée de Mozart. Mise en scène et décors de Robert Wilson. Costumes de Kenzo Takada. Opéra national de Paris, 1999.
Photo © E. Mahoudeau.

Lohengrin.
Mise en scène Wieland Wagner.
Bayreuther Festspiele, 1968.
D.R.

Robert le Diable de Giacomo Meyerbeer.
Mise en scène Adolphe Nourrit.
Opéra de Paris, 1831.
Lithographie de J. Arnout.
Paris, Bibliothèque-musée de l'Opéra.
Coll. particulière.

LA MISE EN SCÈNE

Une coquille d'impression fit écrire un jour d'un spectacle que « sa muse en scène était en panne d'inspiration » : ce joli balbutiement du hasard met malicieusement l'accent sur la fonction de la mise en scène qui est bien de révéler *poétiquement* (au sens étymologique, c'est-à-dire *en créant* – du grec *poiein*, « créer ») l'essence de l'œuvre, de mettre en mouvement sa force intérieure. Un opéra est l'interaction d'un livret et d'une musique : le rôle de la mise en scène doit donc être d'éclairer l'action et de faire mieux *entendre* (au double sens du mot, perception et compréhension) la musique.

Aux premiers temps de l'opéra, ce sont les compositeurs eux-mêmes qui donnent aux chanteurs les quelques indications gestuelles propres à s'accorder à la musique, le décor assurant une sorte de support imaginaire sans nécessaire rapport avec l'action. Mais dès que le caractère spectaculaire devient important, les scénographes se voient investis d'une certaine responsabilité de « mise en scène » (le mot n'existe pas encore), qui consiste à savoir utiliser les machines, à faire s'enchaîner les toiles peintes, à multiplier les accessoires – mais de direction d'acteur, point. Les interprètes sont livrés à eux-mêmes et les rapports de force entre eux déterminent le plus souvent leur place sur le plateau, à l'avant-scène et de face le plus généralement, côté jardin pour les premiers rôles.

En fait, longtemps, la mise en scène se confond à l'opéra avec le décor, c'est-à-dire qu'elle n'existe tout simplement pas.

Pourtant, au XIXe siècle, avec l'essor du « grand opéra », les exigences du spectacle deviennent plus complexes et un Edmond Duponchel, expert à manier les foules, à faire apparaître des décors impressionnants ou à inventer des éclairages saisissants, sera ainsi surnommé « l'Alexandre de la mise en scène ». Mais si ses livres de bord indiquent bien les entrées, les sorties et une foule d'effets destinés à renforcer l'impression de réalisme des *tableaux* (le mot n'est pas indifférent), il n'est nulle part fait mention d'une quelconque direction d'acteur des solistes, toujours abandonnés à leur inspiration… ou à leur routine.

En fait, même si un Weber, un Verdi ou un Wagner tentent de faire de leurs interprètes des acteurs, porteurs d'une conception, la nécessité d'un metteur en scène chargé non seulement de maîtriser la réalisation technique mais aussi de mettre en évidence ce sens des œuvres, d'en proposer une lecture, voire d'en révéler des aspects implicites, est une idée relativement récente. En Russie, au début du XXe siècle, Konstantin Stanislavski la théorise, tout comme Max Reinhardt en

Allemagne, mais c'est sans doute Gustav Mahler, à l'époque où il dirige l'Opéra de Vienne, qui, le premier, la met en œuvre systématiquement. Par ailleurs, Adolphe Appia, comme il a ouvert des perspectives nouvelles à l'esthétique du décor, propose aussi une réflexion novatrice sur la disposition des personnages dans l'espace, sur la relation à créer entre eux : Wieland Wagner en fera son miel à Bayreuth, concentrant ses mises en scène dans une direction d'acteurs sobre et intense et dans une utilisation picturale de la lumière.

Dans un tout autre esprit, l'Autrichien Walter Felsenstein crée, lui aussi, à partir de 1947, une vraie dynamique de mise en scène, en particulier durant les presque trente années de son activité au Kroll Oper de Berlin. Il y souligne avant tout l'action dramatique et veut la mettre en relation avec la réalité historique, dans le but de faire surgir une dialectique active, une prise de conscience aiguë de ce qu'une œuvre peut signifier pour un spectateur contemporain. Si ses disciples Götz Friedrich et Joachim Herz sont considérés comme ses continuateurs directs, il est clair que Felsenstein a influé sur une bonne partie de la mise en scène d'opéra aujourd'hui.

Mais l'intérêt pour l'art lyrique de nombre d'hommes venus du théâtre, puis du cinéma, et se lançant dans la mise en scène d'opéra, va contribuer au XXe siècle à une réévaluation nécessaire du travail de direction d'acteurs. D'autant que le phénomène est général : dans les pays germaniques depuis Carl Ebert ou Günther Rennert jusqu'à, plus récemment, Peter Stein ou Harry Kupfer ; en Grande-Bretagne avec Peter Brook, Peter Hall, Terry Hands ou John Dexter ; en Italie avec Luchino Visconti, Franco Zeffirelli, Giorgio Strehler, Mauro Bolognini ou Liliana Cavani ; en France avec Jean-Louis Barrault, Jean Vilar, Antoine Vitez, Antoine Bourseiller, Jorge Lavelli ou Patrice Chéreau ; sans oublier le Russe Youri Lioubimov ou les Américains Ken Russell, Roman Polanski, Bob Wilson ou Peter Sellars.

Don Giovanni.
**Mise en scène Peter Sellars.
MC 93 de Bobigny, 1989.**
Photo © C. Masson/Enguerand.

Cette importance accordée à la mise en scène caractérise l'activité lyrique après la Seconde Guerre mondiale – comme si la création en matière d'opéra se trouvait déplacée dans le domaine de la *représentation*, après que *Wozzeck* et *Lulu* ont semblé clore une certaine histoire de l'opéra. D'ailleurs, les metteurs en scène dont l'activité essentielle a toujours été l'opéra participent eux aussi de ce travail d'approfondissement, chacun selon des esthétiques différentes, mais tous avec une volonté affirmée de donner du sens aux œuvres, de Rudolf Hartmann ou Otto Schenk à August Everding ou Ruth Berghaus en passant par Karl-Ernst Herrmann ou John Cox, et encore de Piero Faggioni ou Luca Ronconi à Jean-Pierre Ponnelle, Jean-Claude Auvray ou Jean-Louis Martinoty et de Stéphane Braunschweig ou Luc Bondy à Robert Carsen, Johannes Schaaf ou Pierre Strosser…

La liste pourrait encore s'allonger, tant il est clair qu'aujourd'hui, la place de la mise en scène dans la représentation lyrique est très importante – trop, disent même certains qui rappellent que l'opéra, c'est sans doute du théâtre mais d'abord de la musique. Vieux débat (*prima la musica e poi le parole*, ou le contraire ?) dont Richard Strauss a su faire un opéra d'une élégance extrême, *Capriccio*… mais qui ne résolvait pas la question !

LES FONDATEURS DE L'OPÉRA

L'opéra n'est pas une aventure très ancienne : tout a commencé à Florence, aux alentours de 1600. On y réfléchissait alors beaucoup aux pouvoirs de la voix et du chant, on y avait la nostalgie du passé et le désir d'inventer l'avenir ; on y rêvait de ce qu'avait dû être le théâtre grec et on imaginait ce que pourrait être un théâtre nouveau qui donnerait aux mythes une forme d'éternité lyrique. Jacopo Peri a tiré les premiers feux mais c'est Monteverdi – on eût dit qu'il n'attendait que cela ! – qui a, le premier, uni le génie à la théorie. Les prophètes de cet art neuf ont alors surgi de partout : Purcell puis Haendel en Angleterre, Pergolèse en Italie, Gluck en Allemagne, en Autriche puis en France, et Mozart dans l'Europe entière. Faisons la connaissance de chacun de ces fondateurs, de Purcell qui ne compose qu'un opéra à Haendel qui en produit des dizaines, de Pergolèse qui se trouve au centre de soubresauts qu'il n'a pas voulus à Gluck qui initie une réforme essentielle, jusqu'à Mozart qui réinvente tout, qui donne à l'opéra la grâce, le naturel, l'émotion – la vie.

Kungliga Operan de Stockholm.
Photo © Moatti/Kleinefenn. Sipa Press.

Euridice de Jacopo Peri.
Katija Dragojevic (Vénus)
et Fredrik Strid (Orphée).
Mise en scène Karl Duner.
Drottningholms Slottsteater,
1997.
Photo © B. Ljungblom.

La naissance de l'opéra

C'est de l'année 1600 qu'on a coutume de dater la naissance de l'opéra. Pourtant il est avéré qu'un « ouvrage » dans lequel on s'exprimait en chantant a été représenté quelques années plus tôt, probablement en 1597, à Florence, au palais Corsi : il s'intitulait *Dafne* et était dû à Jacopo Peri. Hélas ! la partition en est à peu près complètement perdue, à quelques fragments près, qui montrent que *Dafne* devait intégrer, de manière sans doute embryonnaire, un « style récitatif » que l'on imaginait alors être une résurgence de la récitation lyrique de l'ancienne tragédie grecque.

Mais le 6 octobre 1600, toujours à Florence, cette fois au palais Pitti, à l'occasion du mariage de Marie de Médicis avec Henri IV, roi de France, le même Jacopo Peri crée *Euridice*, un opéra dont il est à la fois le compositeur et l'interprète puisque, excellent chanteur, il tient lui-même le rôle d'Orphée. L'œuvre suscite, apparemment, un enthousiasme quelque peu étonnant, tant l'œuvre (sa partition nous est parvenue intégralement), se révèle monotone aux oreilles modernes.

Jacopo Peri, dont le nom est donc associé à la naissance de l'opéra, était un des membres de la Camerata Accademica, un groupe d'une douzaine de gentilshommes florentins, poètes, intellectuels, musiciens, réunis sous la présidence du comte Giovanni Bardi, qui réfléchissaient sur les différentes manières de retrouver l'idéal de la Grèce antique à travers l'art, et singulièrement en restituant les tragédies grecques telles qu'elle avaient dû (c'était leur hypothèse) se présenter aux Anciens, *c'est-à-dire chantées*. Parmi eux, outre Jacopo Peri, chanteur et compositeur, se trouvaient Ottavio Rinuccini, poète et librettiste de l'*Euridice* de Peri, Girolamo Mei, théoricien de la musique, Giulio Caccini, instrumentiste et compositeur, Emilio dei Cavalieri, directeur de la musique à la cour de Ferdinand Ier, et Vincenzo Galilei, philosophe et esthéticien (le père de l'astronome).

En fait, les réflexions de ce cénacle tendaient aussi à s'opposer au développement de la polyphonie qui, dans son extraordinaire expansion, aboutissait, dans le madrigal en particulier, à empêcher complètement l'intelligibilité du texte, noyé dans les multiples lignes musicales enchevêtrées. On peut d'ailleurs considérer que cette volonté de revenir à une simplicité, associée alors à la « vraie grandeur », constituait une régression par rapport à l'efflorescence de la polyphonie. Toujours est-il que, de ces discussions passionnées sur la nécessité de rendre à la musique une liberté perdue sous les complications scolastiques, devait naître le *stilo rappresentativo*. La musique s'y veut « expressive », tandis que le chant y redevient une *monodie* accompagnée par les instruments : le récitatif chanté est inventé. Dans l'éternel dilemme qui se pose depuis (*prime le parole, dopo la musica* – ou le contraire ?), la parole l'emporte en renonçant aux magnifiques architectures sonores de la polyphonie. L'opéra, conçu d'emblée comme une *synthèse* de la poésie, de la danse, de la décoration et de la musique – d'où sa désignation sous le terme d'« *opera* » (pluriel du mot latin *opus*, « œuvre »), saura bientôt restituer cette magnificence.

MUSIQUE EXPRESSIVE

C'est d'ailleurs la combinaison des différentes disciplines, parties prenantes de ce genre nouveau, qui en fera une forme inédite et puissante d'expression, susceptible de toucher le public sur plusieurs plans – musical, poétique, émotionnel.
C'est en cela que l'opéra est, comme son nom l'indique, pluriel. C'est en cela aussi qu'il est unique.

Mais, en ce 6 octobre 1600 au palais Pitti de Florence, on ne sait pas encore tout cela quand débute la représentation d'*Euridice*. Pourtant, alors que les récitatifs se succèdent et que les mélodies s'égrènent, on peut imaginer que s'ouvrent, dans l'esprit d'un des spectateurs au moins, des perspectives qui se révéleront riches de conséquences pour l'avenir : au milieu de l'assistance se trouve, en effet, le duc de Mantoue, et celui-ci est venu – c'est vraisemblable même si ce n'est pas prouvé – accompagné de son maître de musique, un certain Claudio Monteverdi !

La Pellegrina.
Florence, 1589.
Dessin de Bernardo Buontalenti.
Coll. particulière.

Jacopo Peri dans le rôle d'Orphée de son opéra, *Euridice*.
Florence, 1600. Florence, Bibliothèque nationale.
Photo G.B. Pineider.
© Archives Larbor.

Claudio Monteverdi
1567 - 1643

REPÈRES
- 1607 *Orfeo*
- 1641 *Il Ritorno di Ulisse in patria* (le Retour d'Ulysse dans sa patrie)
- 1642 *L'Incoronazione di Poppea* (le Couronnement de Poppée)

Claudio Monteverdi.
Portrait anonyme.
Ashmolean Museum, Oxford.
D.R.

Claudio Monteverdi se fait d'abord connaître en tant que compositeur de madrigaux : il en publie un premier recueil dès l'âge de quinze ans et, à vingt ans, il est engagé comme musicien de la cour du duc de Mantoue qui en fera, quelques années plus tard, son maître de chapelle, en charge de toutes les activités musicales de la cour. Au service du duc, il compose régulièrement pour les fêtes données à la cour (tout comme, parallèlement, le peintre officiel du duc, Rubens lui fournit de quoi éblouir les yeux de ses hôtes). Mais si l'opéra ne le préoccupe pas alors, il est probablement au courant des travaux de la Camerata Bardi à Florence – Mantoue n'est qu'à 240 kilomètres. De plus, le chancelier de la cour, Alessandro Striggio, vient de Florence où il a été instrumentiste au côté de son père, et où il a assisté à la fameuse *Euridice* de Jacopo Peri en 1600. C'est lui d'ailleurs qui compose le livret du premier opéra de Monteverdi, cet *Orfeo* qu'on considère souvent comme le premier véritable opéra, créé au théâtre de la cour de Mantoue le 24 février 1607, avec un succès considérable.

Il est vrai qu'avec *Orfeo*, on quitte l'expérimentation que représente encore l'*Euridice* de Peri pour atteindre véritablement à un art complet, non seulement parce qu'il mêle le chant à la danse avec un art consommé, mais aussi parce le chant et le récitatif sont éclairés par les couleurs instrumentales (l'orchestre, important pour l'époque, comporte même une abondante section de vents) et surtout parce que l'expression des sentiments, le pathétique et l'émotion – tous éléments hérités de sa pratique régulière du madrigal – y sont exaltés. Trois siècles plus tard, Alban Berg soulignera la nouveauté et la force de la musique de Monteverdi dès cet *Orfeo*, en affirmant qu'il a été « le premier à articuler la musique de telle façon qu'elle fût consciente à chaque instant de sa fonction au service du drame ». Il y a, en effet, des pages d'une beauté et même d'une hardiesse exceptionnelle dans cette œuvre, tel le dialogue entre Orfeo et la Messagère de la mort, tel encore le chant d'Orfeo dans les enfers.

PREMIER « TUBE »

À la suite de ce succès, Monteverdi est invité en 1608 à écrire un nouvel opéra pour célébrer les noces du prince Francesco, le fils du duc

Le Couronnement de Poppée.
Jon Vickers et Gwyneth Jones.
Mise en scène Günther Rennert. Opéra national de Paris, 1978.
Photo © D. Cande.

de Mantoue, sur un livret d'Ottavio Rinuccini, un des membres de la Camerata Bardi : ce sera *Arianna*, au succès encore plus grand qu'*Orfeo*. Hélas ! la partition en a été elle aussi perdue. Il n'en reste qu'un air, mais à la force bouleversante, le « Lamento d'Ariane », premier « tube » de l'histoire de l'art lyrique.

Monteverdi aurait pu espérer un minimum de reconnaissance du duc de Mantoue : au lieu de cela, il est mis à pied en 1612 et contraint de quitter la ville. Pourtant un mal peut engendrer un bien : quelques mois plus tard, il est accueilli par Venise, qui va le nommer au poste le plus important et le plus influent de sa vie musicale : celui de maître de chapelle à Saint-Marc. Il y demeurera trente ans, mais il faudra attendre 1640, l'année de ses soixante-treize ans, pour qu'il s'intéresse à nouveau à l'opéra. Un événement social considérable pour l'avenir vient, en effet, de se produire à Venise : l'ouverture, en 1637, du théâtre San Cassiano, premier théâtre payant accessible au public en Italie (et gratuit pour les gondoliers !).

NÉRON ET POPPÉE

Monteverdi compose alors plusieurs opéras, dont deux seulement nous sont parvenus : *le Retour d'Ulysse dans sa patrie* en 1641, une œuvre assez étonnante, qui s'amuse parfois à jouer avec elle-même et surtout à mettre en œuvre un art des contrastes et du mélange des genres, préfigurant l'opéra napolitain, et *le Couronnement de Poppée* en 1642, qui est à la fois le chef-d'œuvre de Monteverdi et un des plus grands opéras de l'histoire de l'art lyrique.

Quittant l'univers mythologique pour le drame historique et mettant en scène des personnages de chair et de sang, *le Couronnement de Poppée* se montre d'une extraordinaire modernité et d'un réalisme novateur : pour la première fois sur une scène lyrique, le Mal triomphe du Bien. L'histoire raconte, en effet, les amours adultères de Néron, qui répudie sa femme Octavie pour installer sur le trône d'impératrice sa maîtresse Poppée, après avoir fait mourir son ancien précepteur, le philosophe Sénèque, dont les remontrances morales le lassent. Mais, outre la hardiesse du sujet, le traitement musical se révèle d'une formidable modernité, accumulant les audaces harmoniques, rythmiques ou vocales pour imprimer une accentuation dramatique d'une rare efficacité au drame.

Orfeo.
Mise en scène Trisha Brown.
Théâtre de la Monnaie
de Bruxelles, 1998.
Photo © J. Jacobs.

Car l'objectif de Monteverdi est avant tout de montrer la force ravageuse de la passion, avec toutes ses conséquences, de la possession jalouse à l'envoûtement érotique, jusqu'à la perte de tout repère moral.

Alors qu'*Orfeo* constitue la synthèse la plus aboutie de l'art et des réflexions d'une époque, *le Couronnement de Poppée*, œuvre unique en son genre, ouvre la voie aux plus grands chefs-d'œuvre, ceux de Mozart, de Berlioz, de Wagner ou de Berg.

Henry Purcell
1595 - 1659

REPÈRES
1689 *Dido and Aeneas* (Didon et Énée)
1691 *King Arthur* (le Roi Arthur)
1692 *The Fairy Queen* (la Reine des fées)

Henry Purcell.
Lithographie d'Alfred Lemoine.
Berlin, coll. Archiv f. Kunst & Geschichte.
© AKG Paris.

Didon et Énée.
Mise en scène Pierre Strosser.
Véronique Dietschy (Didon) et Nathalie Stutzmann (Énée).
Théâtre de la Bastille, 1988.
Photo © C. Masson/Enguerand.

L'origine familiale de Henry Purcell demeure encore aujourd'hui obscure. On ignore qui était son père : était-ce Henry Purcell, chanteur et maître de chœur à l'abbaye de Westminster, mort en 1664 ? Ou Thomas Purcell, chanteur et compositeur, gentleman de la chapelle royale et musicien dans la musique privée du roi, mort en 1682 ? De toute façon, le jeune Henry naît dans un milieu voué à la musique. À dix ans il est choriste de la chapelle royale et élève de John Blow. Lorsque sa voix mue, en 1673, à quatorze ans, il est nommé conservateur assistant des instruments, puis, en 1677, compositeur ordinaire pour les violons et, en 1679, à vingt ans tout juste, il prend la succession de son maître John Blow comme organiste de l'abbaye de Westminster. Il a déjà à cette époque de nombreuses compositions à son actif ; sa première œuvre a été publiée en 1675 : il avait seize ans. À partir de 1680, il commence, à côté des œuvres instrumentales, à composer des odes et des chants d'anniversaire, puis des musiques de scène et des œuvres sacrées. À trente ans, il donne le premier opéra anglais de l'Histoire, *Didon et Énée*.

DIDON ET ÉNÉE

Créé en décembre 1689 à l'école de jeunes filles de Josias Priest, à Chelsea, alors près de Londres, c'est un chef-d'œuvre d'une concision et d'une densité exceptionnelles. Tiré de l'*Énéide* de Virgile, le livret de Nahum Tate correspond tout à fait au souhait d'idéal dramatique de Purcell. Il met en scène la reine de Carthage, Didon, dont l'amour pour Énée, le prince troyen, la tourmente, car elle sait qu'il doit partir. Pourtant, poussée par sa confidente Belinda, elle se laisse aller à l'espoir, d'autant qu'elle sait son sentiment partagé.
C'est compter sans la Magicienne et ses sœurs sorcières qui vont ourdir une machination visant à séparer les amants. Énée sera berné et Didon abandonnée, l'amour devant céder devant le devoir. Il ne lui reste plus qu'à mourir et cette mort d'amour, avec son chant d'adieu (« Remember me »), peut-être un des airs les plus tragiques, les plus déchirants qui soient, conclut l'œuvre dans une atmosphère bouleversante. On ne retrouvera cette intensité, cette immobilité douloureuse, qu'avec la mort d'Isolde dans le *Tristan* de Wagner.

Le Roi Arthur.
Mise en scène Graham Vick.
Théâtre du Châtelet, 1995.
Photo © M.N. Robert.

Ce qui frappe avant tout dans ce chef-d'œuvre unique, c'est cette façon qu'a Purcell de dire en quelques mesures ce que d'autres compositeurs mettront de longs airs à exprimer. C'est d'ailleurs cette vertu, éminemment *moderne*, qui continue aujourd'hui encore de faire de *Didon et Énée* une de ces œuvres dont la puissance transcende la situation historique, ce pourquoi elle nous touche avec une acuité qui ne se dément pas.

LE ROI ARTHUR

Hélas, Purcell ne composera que cet opéra. Bien sûr, il donnera quelques « masques », ce type de spectacle dramatique spécifiquement anglais constitué d'un texte parlé, rehaussé d'une musique de scène qui occupe une place importante et corrélative à l'action.

Ainsi *le Roi Arthur* (1691), dont tous les rôles principaux sont parlés, intègre deux personnages, l'Esprit de l'Air et l'Esprit de la Terre, dont les rôles sont chantés. L'œuvre est de surcroît entremêlée de scènes de féerie traitées uniquement sous forme de divertissements musicaux. Et son acte III contient une scène fameuse, la « scène du froid », où l'un des personnages veut montrer comment la puissance de l'amour peut faire renaître une contrée privée de vie par le gel : l'effet de tremolando vocal utilisé par Purcell est assez étonnant et n'a pas manqué de frapper les esprits à l'époque.

Quant à *la Reine des fées* (dont la partition, datée de 1692, perdue en 1701, ne sera retrouvée qu'en 1901 !), c'est un somptueux spectacle, avec ses décors multiples, ses machines compliquées, ses divertissements musicaux nombreux (la partition complète représente plus de deux heures de musique), avec une utilisation expressive des couleurs instrumentales et quelques très beaux chœurs et airs, dont, à l'acte V, la célèbre plainte « O let me, let me weep », devenue une page d'anthologie vocale. Toute la fantaisie et l'invention poétique de l'ouvrage en font assurément une des plus grandes réussites de ce genre – dans lequel Purcell s'illustrera encore, de *Dioclétien* à *la Reine indienne* ou à *la Tempête*.

Il faudra pourtant attendre quelque deux siècles et demi après *Didon et Énée* pour voir l'opéra anglais se ranimer après un sommeil de Belle au bois dormant… Néanmoins, il va se développer considérablement en Angleterre au siècle suivant, mais cet essor sera le fait d'un compositeur allemand, même s'il s'est fait naturaliser anglais : Georg Friedrich Haendel.

REPÈRES

- 1711 *Rinaldo*
- 1720 *Radamisto*
- 1723 *Ottone*
- 1724 *Giulio Cesare in Egitto* (Jules César en Égypte) *Tamerlano*
- 1725 *Rodelinda*
- 1730 *Ariodante*
- 1735 *Alcina*
- 1738 *Serse* (Xerxès)
- 1744 *Semele*

Georg Friedrich Haendel.
Portrait anonyme.
Civico Museo Bibliograf.
Musicale, Bologne.
Photo G. Tomsich.
© Archives Larbor.

Georg Friedrich Haendel
1685 - 1759

D'abord organiste dans sa ville natale de Halle, Haendel se fait engager à dix-huit ans comme violoniste puis comme claveciniste à l'Opéra du Marché aux oies de Hambourg. C'est là qu'il crée, à vingt ans, en 1705, ses deux premiers opéras, *Almira* et *Nero*. À Florence, il écrit *Rodrigo* en 1707 puis *Agrippina* à Venise en 1709. Évidemment, l'influence du style italien est marquante dans ces œuvres de jeunesse, et continuera d'être présente tout au long de sa carrière lyrique. De retour en Allemagne en 1710, il est nommé maître de chapelle de l'électeur de Hanovre, mais ne reste que quelques mois à son poste avant de repartir pour Londres où, en 1711, il va donner aux Anglais le goût de l'opéra italien avec *Rinaldo*, premier d'une série de quelque trente-cinq « opéras italiens » qui vont rallier l'Angleterre au bel canto.

Car *Rinaldo* est un ouvrage au caractère spectaculaire (apparitions de monstres, scènes de combat et de magie) mais aussi et surtout un opéra dans lequel l'écriture vocale trouve une expressivité nouvelle, et où l'orchestre prend une importance inusitée alors. *Rinaldo* sera décisif à la fois pour l'avenir de l'opéra italien en Angleterre et pour la carrière de Haendel.

ROIS ET PRINCES

Un événement historique contribue alors à ancrer Haendel à l'Angleterre : en 1714, l'électeur de Hanovre, son « patron », devient roi d'Angleterre sous le nom de George Ier ! C'est donc précisément en s'installant définitivement à Londres que Haendel va le servir. Mais plus que le roi, c'est la cause de l'opéra italien que Haendel va servir à Londres durant près de quarante ans. Nommé directeur musical de l'Académie royale de musique, Haendel fait appel à tous les plus grands chanteurs de l'époque, divas et castrats – dont le fameux Senesino qu'il s'est attaché et pour lequel il composera la plupart des rôles de ses héros durant cette période.

Et ces opéras se multiplient, jusqu'au pur chef-d'œuvre, *Giulio Cesare in Egitto*. Haendel, au sommet de ses moyens, y déploie une alternance de quelque quarante airs ainsi que plusieurs duos, ponctués par des récitatifs, l'ensemble suffisamment caractérisé pour décrire une action dramatique qui ne peut être perçue *que par la musique*, puisque le texte est en italien et qu'il est chanté par des artistes italiens. C'est pourquoi le rôle de l'orchestration s'étoffe avec Haendel, les sonorités instrumentales se chargeant elles aussi d'émotion. Mais c'est bien sûr l'extraordinaire développement de la *vocalità* qui constitue l'apanage des opéras de Haendel et singulièrement de ce *Giulio Cesare*, où les rôles de César et de Ptolémée sont destinés

Alcina.
Christiane Eda-Pierre.
Mise en scène Jorge Lavelli.
Festival d'Aix-en-Provence, 1978.
Photo © Enguerand.

Giulio Cesare.
**Mise en scène Nicholas Hytner.
Opéra national de Paris, 1988.**
Photo © J. Moatti.

à des castrats altos, alors que celui de l'adolescent Sextus est tenu par un soprano féminin travesti. Les inépuisables ressources vocales de ces chanteurs constituent une sorte de décor sonore délirant, dont la pierre de touche est l'*aria da capo*, cet air en trois parties (a, b, a'), dont la troisième partie (a'), répète la première en l'ornant de vocalises sans fin. Occasion rêvée pour les chanteurs de faire assaut de virtuosité. Car si le récitatif contient l'essentiel de l'expression dramatique, l'aria concentre l'essentiel de l'intérêt musical. L'équilibre réalisé par Monteverdi entre musique et texte est là rompu en faveur du chant pur, sans que la portée dramatique de la situation soit prise en compte. Cette esthétique, cultivée en 1724 avec *Tamerlano*, est poursuivie avec *Rodelinda* l'année suivante.

En 1726, Haendel se fait naturaliser anglais et continue de donner des ouvrages à un rythme soutenu. Mais, ruinée par les dépenses somptuaires engagées pour les décors, la machinerie et les cachets des stars, l'Académie royale de musique doit fermer ses portes en 1728. En 1735, avec *Ariodante*, Haendel inaugure un nouveau style et un nouveau lieu, Covent Garden. Spectaculaire, cette œuvre charnière laisse percevoir l'influence de l'opéra-ballet français.

Surtout *Ariodante* attribue une importance nouvelle au chœur, et cherche une vérité psychologique en échappant au strict cadre de l'*aria da capo*. *Alcina* poursuit cet effort, avec quelques-uns des airs les plus émouvants et les plus passionnés composés par Haendel, de la longue plainte d'Alcina, « Ah mio cor ! », à l'air de Ruggiero, « Verdi prati » ou encore à l'invocation d'Alcina aux esprits, « Ombre pallide ».

Les œuvres suivantes ne retrouvent pas cet éclat et il faut attendre *Serse* (1738) pour, dans un registre plus léger, retrouver la « *Haendel's touch* ». On notera d'ailleurs qu'une des arias de ce *Serse*, « Ombra mai fu », a connu une postérité orchestrale célèbre sous le nom de « largo de Haendel »...

Après son dernier opéra, *Deidamia* (1741), Haendel compose, sur des livrets anglais, quelques oratorios qui sont en fait souvent des opéras déguisés, parmi lesquels *Samson* (1743) *Semele* (1744) – peut-être le plus beau –, *Hercules* (1745) ou *Jephta* (1752).

Ayant insufflé un éclat neuf et une véritable puissance expressive à une forme initialement contraignante et trop souvent strictement décorative, Haendel a su tout à la fois porter le bel canto à son apogée et en dépasser les exigences pour donner à l'opéra une ampleur renouvelée.

REPÈRES

- 1732 *Lo frate'nnamurato* (le Frère amoureux)
- 1733 *La serva padrona* (la Servante maîtresse)
- 1734 *Adriano in Siria*
- 1735 *L'Olimpiade* *Flaminio*

Giovanni Battista Pergolesi.
Coll. particulière.

GIOVANNI BATTISTA PERGOLESI
1710-1736

Son père, nommé Draghi, était un charpenteur dont la famille, originaire de Pergola, avait pris le nom de Pergolesi. Conscient des dons précoces de son fils, il l'encourage et, grâce au soutien d'un mécène, peut lui faire donner des leçons de musique à Naples à partir de l'âge de treize ans. Il y étudie le violon et la composition avec des maîtres tels que Greco ou Durante. En 1732, son premier opéra, *Salustia*, est représenté, sans grand succès, semble-t-il. Mais quelques mois plus tard à peine, il recueille son premier triomphe avec un opéra-bouffe en trois actes, *Lo frate'nnamurato*, créé à Naples au Teatro dei Fior sur un livret en napolitain mettant en scène une histoire, compliquée à plaisir, de deux sœurs, Nena et Nina, amoureuses d'un même jeune homme, Ascanio, qui lui-même en aime une troisième, Lucrezia. Finalement, Ascanio se révélera être le frère jadis enlevé à Nena et Nina ! Par sa richesse mélodique au renouvellement constant, par la vivacité de ses ensembles, par l'entrelacement infiniment adroit du pathétique et du comique, par l'invention permanente des situations, par l'infinie palette des coloris, cet opéra-bouffe est sans doute le vrai chef-d'œuvre de Pergolèse — même s'il est, en France, moins connu que *La serva padrona*. D'ailleurs, Stravinsky saura fort bien l'utiliser quand il composera *Pulcinella*....

QUERELLE DES BOUFFONS

Pourquoi donc ce succès de *La serva padrona* créée l'année suivante ? Initialement cet ouvrage n'était qu'un petit intermède en deux parties destinées à servir d'entractes entre les trois actes d'un *opera seria* du même Pergolèse,

Il Prigionere superbo – qui, lui, devait disparaître complètement des mémoires, alors que l'intermède promu au rang d'*opera buffa* fera le tour du monde ! Réduite à l'essentiel, l'action elle-même met en scène trois personnages (dont l'un n'ouvre même pas la bouche) dans un contexte de comédie napolitaine traditionnelle. Serpina, la servante insolente et malicieuse du vieil Uberto, entreprend de se faire épouser par son maître,

Lo frate 'nnamurato.
Scala de Milan, 1989.
Photo © Lelli & Masotti. Archivio Fotografico Teatro alla Scala.

La serva padrona.
Mise en scène Ferruccio Soleri.
Lunatheater de Bruxelles, 1996.
Photo © J. Jacobs.

avec la complicité du valet Vespone, qu'elle déguise en capitaine Tempête, et qu'elle présente comme son prétendant.
On voit qu'il n'y a là rien de bouleversant, si ce n'est une musique ébouriffante de vivacité, avec des airs d'une diversité sans cesse renouvelée, d'un lyrisme naturel et délicieux, portés par une volubilité charmante. Cela justifie-t-il un tel retentissement pour ce qui demeure une petite pièce légère ? Assurément non, et si cette *Serva padrona* n'avait pas joué un rôle décisif dans le développement de l'opéra français, il est probable qu'on l'aurait aujourd'hui oubliée.

Car en 1746, *La serva padrona* est représentée à Paris, en italien d'abord puis aussitôt après dans une traduction française. Le succès de ces représentations va servir de détonateur à la fameuse querelle des Bouffons, partageant le public entre les tenants du style italien, considéré comme plus naturel, plus inventif, et les partisans de la musique française, considérée comme plus noble, plus élaborée. *La Servante maîtresse* pousse le camp « italien » à décréter la mort de l'opéra français. Jean-Jacques Rousseau, qui se prend pour un compositeur (ce que son navrant *Devin de village* dément, hélas !), intervient dans la bataille avec sa « Lettre sur la musique française », dans laquelle il incrimine à peu près tout le monde. Pourtant il est clair que l'essentiel du génie musical français est l'harmonie, alors que celui du génie musical italien est la mélodie. Rien ne justifie cependant la violence des pamphlets qui se succèdent. Mais l'irruption de *la Servante maîtresse* va faire de Pergolèse, à son corps défendant – il est déjà mort à l'époque de cette querelle – l'étalon des passions intellectuelles d'un milieu où tout jugement est péremptoire.

Finalement, de la même manière que l'*opera buffa* avait été accepté par le milieu « éclairé » des mélomanes italiens en s'intégrant comme « intermède » à l'intérieur des représentations d'*opera seria*, la querelle donnera sinon naissance, du moins reconnaissance officielle à ce type de spectacle qui commençait à fleurir sur les tréteaux de foire et dont on allait officialiser l'existence sous le nom d'opéra-comique.

Quant aux autres ouvrages de Pergolèse, ils disparaîtront très vite après la mort prématurée du jeune compositeur, à vingt-six ans, emporté probablement par la tuberculose, alors qu'il venait juste de terminer l'autre œuvre qui fera beaucoup pour sa postérité, mais sans malentendu cette fois : son magnifique *Stabat mater*.

CHRISTOPH WILLIBALD GLUCK
1714 - 1787

REPÈRES
1741 *Artaserse (Artaxerxès)*
1762 *Orfeo ed Euridice (Orphée et Eurydice)*
1767 *Alceste*
1770 *Paride ed Elena (Pâris et Hélène)*
1774 *Orphée*
     Iphigénie en Aulide
1777 *Armide*
1779 *Iphigénie en Tauride*

Christoph Willibald Gluck.
Huile de Vincenzo Migliaro.
Conservatoire de musique
San Pietro a Maiella, Naples.
Photo © G. Tomsich. Archives Larbor.

Il Parnaso confuso,
joué au château de
Schönbrunn, à Vienne, 1765.
Peinture anonyme.
Hofburg, Vienne.
Photo © Fotostudio Otto.
Archives Larbor.

C'est sur la recommandation du prince Lobkowitz que le jeune Gluck, dont le père est maître des forêts, entre dans la musique du prince Melzi, d'origine lombarde, qui l'emmène en Italie. Il travaille à Milan avec Sammartini et compose en 1741 son premier opéra, sur un livret de Métastase : *Artaserse*. C'est un ouvrage de pur style bel canto, tel qu'il en fleurit beaucoup alors en Italie. La dizaine d'opéras qu'il compose à la suite durant ce séjour italien présentent tous le même type, sans particulière caractérisation. On le retrouve semant ses opéras en Angleterre, avant de regagner l'Allemagne. Après un séjour à Dresde, il continue par Prague puis Hambourg, Copenhague, avant d'être engagé à Vienne comme maître de chapelle de l'opéra de la cour. Nous sommes en 1754 : Gluck a quarante ans, une honorable carrière derrière lui, un avenir assuré. Il continue d'ailleurs de fournir des ouvrages de style bel canto traditionnel qui en font un compositeur apprécié, parmi d'autres.

Il retrouve alors à Vienne un certain Durazzo, qu'il a connu à Parme, avec lequel il a de longues conversations sur le mouvement de renouveau opéré en France à travers Rameau ou l'opéra-comique. Mais sa rencontre, organisée par Durazzo, avec Ranieri Da Calzabigi, va être décisive. Ce dernier, un poète italien aventurier et débauché, a participé à la querelle des Bouffons et a réfléchi à l'évolution de l'opéra, considérant que l'idéal de l'*opera seria* avait été dévoyé par les chanteurs en même temps que par un formalisme qui peu à peu avait étouffé l'action. Ce constat va s'avérer le point de départ de la réforme de l'opéra – attribuée à Gluck mais dont l'idée initiale revient à Calzabigi – à laquelle les deux hommes vont travailler ensemble. Et ce n'est sans doute pas un hasard si le livret que propose Calzabigi à Gluck pour mettre en œuvre leur conception renouvelée fait un signe à l'histoire de l'opéra en reprenant son mythe fondateur, celui d'Orphée.

LA RÉFORME

En 1762, Gluck crée à Vienne *Orfeo ed Euridice*. La différence est très marquée avec la traditionnelle production d'opéra de bel canto. D'abord le livret, entièrement concentré sur le drame, ne comporte ni intrigue secondaire ni digression. Ce qui permet à la musique de porter ses accents sur la fonction dramatique, les récitatifs accompagnés par un orchestre expressif s'enchaînant aux airs courts et tendus, aux chœurs et aux ballets qui jouent un rôle nouveau en servant l'action (en particulier le ballet des Furies). En 1767, toujours en collaboration avec Calzabigi pour le livret, il pousse un peu plus dans le sens de la réforme avec *Alceste*. C'est à cette occasion qu'il rédige

(là encore, probablement en collaboration avec Calzabigi… mais c'est lui seul, Gluck, qui signe !) la fameuse « Préface » qui va devenir le manifeste de la réforme : « J'ai résolu de débarrasser la musique des abus qui, introduits par la vanité mal entendue des chanteurs ou par la complaisance exagérée des maîtres, défigurent depuis longtemps l'opéra italien […]. Je pensai à restreindre la musique à son véritable office qui est de servir la poésie pour l'expression, sans interrompre l'action et sans la refroidir par des ornements superflus […]. J'ai cru enfin que mon plus grand effort devait se réduire à la recherche d'une belle simplicité. » *Alceste* en constitue un exemple particulièrement réussi et quelques airs, par leur tension, leur palpitation tragique, se haussent à un niveau expressif réellement bouleversant, de l'air d'Admète, « Bannis la crainte et les alarmes », à la célèbre invocation d'Alceste aux puissances infernales, « Divinités du Styx », tissée à ces accords de trombones qui semblent s'arracher à la chair.

NATUREL ET VÉRITÉ

Mais, après une troisième collaboration avec Calzabigi, *Paride ed Elena*, assez décevante, un palier nouveau de l'effort réformateur de Gluck va s'accomplir avec sa venue à Paris, sur les instances de la reine Marie-Antoinette, à laquelle le compositeur a enseigné la musique lorsqu'elle était archiduchesse. Car à Paris, Gluck, relayant la querelle des partisans de l'opéra italien contre ceux de l'opéra français, prend implicitement parti pour ces derniers en affirmant la prééminence de la langue française, dont « la clarté et l'énergie conviennent mieux à l'expression musicale que l'italien dont la répétition fréquente des voyelles et les accentuations incitent aux passages et fioritures ». En 1774, *Iphigénie en Aulide* met ce choix en œuvre, marquant une nouvelle progression de la noble simplicité, de la primauté du naturel et de la vérité dramatique. Après ce succès, Gluck donne une version, en français, réécrite pour voix de ténor, de son *Orfeo ed Euridice* qui devient *Orphée*. Il fait de même pour *Alceste* avant d'entreprendre un nouvel opéra de nature à illustrer sa réforme : c'est *Armide* en 1777, une remarquable peinture psychologique, soutenue par une incomparable maîtrise de l'orchestre et de ses couleurs. Mais l'aboutissement des principes réformateurs de Gluck se situe en 1779 avec *Iphigénie en Tauride*, chef-d'œuvre de puissance dramatique et musicale, porté par quelques airs d'une grandeur marmoréenne (comme le superbe « Ô malheureuse Iphigénie »). Pourtant, à la suite de l'échec d'*Écho et Narcisse*, Gluck, fatigué et malade, regagne Vienne où il passera ses dernières années au milieu des honneurs, jusqu'à sa mort en 1787. Il laisse une œuvre fort diverse, avec plus de cent opéras mais surtout une réforme qui va ouvrir la voie aux grands dramaturges lyriques du XIXe siècle.

Orphée et Eurydice.
Marilyn Horne (Orphée),
Ruth-Ann Swenson (Eurydice).
Mise en scène Gérard Vergès.
Théâtre des Champs-Élysées, 1988.
Photo © C. Masson / Enguerand.

Alceste.
Mise en scène Pier Luigi Pizzi.
Opéra national de Paris, 1988.
Photo © J. Moatti.

REPÈRES

1767	*Apollo et Hyacinthus*
1769	*La finta semplice*
1770	*Mitridate, re di Ponte* (Mithridate, roi du Pont)
1771	*Ascanio in Alba*
1772	*Lucio Silla*
1775	*La finta giardiniera* (la Fausse Jardinière)
1781	*Idomeneo, re di Creta* (Idoménée, roi de Crète)
1782	*Die Entführung aus dem Serail* (l'Enlèvement au sérail)
1786	*Le nozze di Figaro* (les Noces de Figaro)
1787	*Don Giovanni* (Don Juan)
1790	*Cosi fan tutte*
1791	*La clemenza di Tito* (la Clémence de Titus) *Die Zauberflöte* (la Flûte enchantée)

Wolfgang Amadeus Mozart.
Portrait inachevé par son beau-frère J. Lange, 1785.
Musée Mozart, Salzbourg.
Archives Larbor

Don Giovanni.
Gravure anonyme.
Coll. particulière.

WOLFGANG AMADEUS MOZART
1756 - 1791

Entièrement formé à Salzbourg par son père Leopold, mais prenant aussi quelques leçons auprès du *padre* Martini à Bologne lors de son premier voyage en Italie, le jeune Mozart apprend d'abord à écouter et à s'orienter dans les styles multiples qui font bouillonner la vie lyrique en cette seconde moitié du XVIIIe siècle. Ses premiers essais dans ce domaine, composés à onze ans, sont d'ailleurs une comédie en latin, *Apollo et Hyacinthus*, et un drame en allemand, *Die Schuldigkeit des ersten Gebotes* (les *Devoirs du premier commandement*). L'année suivante, il démarque *le Devin de village* de Rousseau avec *Bastien et Bastienne* et il se coule dans le moule d'Alessandro Scarlatti avec *La finta semplice*. Il ne lui reste plus qu'à s'essayer à l'*opera seria* : c'est chose faite en 1770, à quatorze ans donc, avec *Mitridate, re di Ponto*, qui remporte un triomphe lors de sa création à Milan… et lui vaut aussitôt une nouvelle commande, celle d'*Ascanio in Alba*. Créé à nouveau à Milan moins de dix mois plus tard, ce divertissement théâtral galant fait dire alors à Hasse, un des grands compositeurs du bel canto baroque : « Ce garçon nous fera tous oublier. » Mozart a quinze ans. Il revient l'année suivante à l'*opera seria* avec *Lucio Silla*, dont la grandeur tragique et l'intensité émotionnelle de certains airs annoncent déjà *Idomeneo*. Le séjour italien a été profitable : Mozart peut rentrer à Salzbourg.

En 1775, il fait jouer à Munich *La finta giardiniera*, où il mêle des personnages d'*opera buffa* à des personnages d'*opera seria*. Puis, après *Il Re pastore*, il entreprend sans les achever *Zaide* et *Thamos, roi d'Égypte*. À vingt-cinq ans, en 1781, Mozart donne son premier chef-d'œuvre incontestable avec *Idoménée, roi de Crète*, ouvrage d'architecture assez étonnante né du mariage réussi de la tragédie lyrique gluckiste (que Mozart a découverte lors de son second voyage à Paris) avec l'*opera seria* de bel canto. Comme chez Gluck, les récitatifs y prennent une ampleur dramatique, soulignée par leur accompagnement à l'orchestre ; comme dans l'*opera seria* de bel canto, les airs offrent une ornementation très élaborée. Mais ce qui est propre à Mozart et qu'il ne va cesser de développer ultérieurement, c'est l'intensité dans l'expression des passions qui donne à l'action une vérité humaine dépassant la perspective toute classique de la tragédie gluckiste : il n'est que d'écouter les chœurs, d'une beauté grandiose et d'une nécessité dramatique fondamentale, pour comprendre qu'avec *Idoménée*, et en dépit d'un livret conventionnel, Mozart ouvre un espace neuf au drame lyrique. Il quitte alors Salzbourg pour Vienne où il vivra comme compositeur et interprète indépendant jusqu'à la fin de sa vie, dix ans plus tard.

DE JOSEPH II…

À Vienne, parmi les idées nouvelles, celle de la germanisation des divertissements se propage, favorisée par l'empereur lui-même, pour réduire les influences françaises et italiennes. La rencontre de Mozart avec Joseph II se déroule donc sous les meilleurs

Les Noces de Figaro.
Gravure anonyme.
Musée théâtral de Munich.
Photo K. Broszat. © Archives Larbor.

auspices avec la création en 1782 de *l'Enlèvement au sérail*, dans lequel le compositeur mêle adroitement une certaine vocalité italienne à la prosodie allemande : c'est un triomphe qui rend d'emblée Mozart célèbre à Vienne. La vivacité des caractérisations vocales, l'habile mélange des genres, comique et dramatique, la beauté et l'expressivité des airs à la virtuosité impressionnante (en particulier le « Martern aller Arten » de Constance), tout est réuni pour faire de cet opéra, le premier des cinq chefs-d'œuvre de Mozart, un ouvrage merveilleusement efficace à la scène et dont la scintillante poésie a quelque chose d'irrésistible.

... À DA PONTE

Mais le plus irrésistible est encore à venir grâce à la rencontre avec un poète italien à la réputation douteuse mais au talent avéré, Lorenzo Da Ponte. C'est, semble-t-il, à Mozart lui-même que revient l'idée de tirer un opéra du *Mariage de Figaro* de Beaumarchais, pièce alors interdite en Autriche car considérée, non sans raison, comme politiquement subversive. Il faut toute la diplomatie de Da Ponte, ainsi que le talent de Mozart, pour convaincre Joseph II d'en accepter la mise en musique. L'étincelant chef-d'œuvre qui allait en résulter doit aujourd'hui encore faire rendre grâces à l'empereur ! Car *les Noces de Figaro* sont bien plus qu'une réussite esthétique : c'est un symbole de la vie dans toute sa complexité et toute sa densité. Chacun des personnages y est caractérisé avec une acuité tant théâtrale que musicale, les deux aspects étant difficilement dissociables dans cette action en mouvement où la musique dit autant et parfois plus que les mots. Le Comte n'y est pas un simple séducteur mais un personnage aux résonances tragiques qui préfigure Don Juan ; la Comtesse n'est pas une simple épouse trompée mais une femme amoureuse dont le lyrisme mélancolique, dès sa cavatine d'entrée à l'acte II, « Porgi amor », dit de façon poignante les illusions perdues ; la charge émotive de Chérubin est tout entière dans l'urgence palpitante de son premier air, « Non so più », comme la grâce pure et l'ambivalence érotique se retrouvent dans l'air bref mais fascinant

L'Enlèvement au sérail.
Mise en scène Giorgio Strehler.
Opéra national de Paris, 1984.
Photo © J. Moatti.

de Barberine, « L'ho perduta ». Pourtant les Viennois, s'ils font un accueil honorable à ces *Noces*, ne savent pas apprécier toute la nouveauté et la richesse d'invention de la partition de Mozart, qui quelques mois plus tard, en revanche, triomphe à Prague.

Conséquence de ce succès, Prague veut l'opéra suivant du jeune maître. C'est Da Ponte, cette fois, qui suggère à Mozart le sujet de *Don Juan*. À dire vrai, travaillant déjà simultanément à deux autres livrets, il peut se contenter d'adapter celui que Bertati avait écrit pour Gazzaniga. Il sait en tout cas resserrer l'action, accentuer les contrastes, faire passer le frisson du fantastique : Mozart, à partir de ce canevas, n'a plus qu'à donner toute sa mesure, faisant appel aussi bien aux ressources du bel canto dans des arias comme celles de Don Ottavio ou de Donna Anna, qu'à une caractérisation instrumentale des personnages d'une formidable nouveauté (le Commandeur et son apparat de vents). Dessinant d'autre part avec Don Juan un personnage romantique avant la lettre dans son individualisme fiévreux et sa course à l'abîme, il retrouve aussi des accents plus proches du « Singspiel » avec Leporello. Chef-d'œuvre dramatique incontesté, *Don Giovanni* mêle plusieurs faces de l'âme humaine ; pourtant, cynique, veule, impie, démoniaque, joueur, solitaire, le personnage central est avant tout séducteur.

LES DÉLICES DE *COSI*

Le sujet de la troisième et dernière collaboration entre Da Ponte et Mozart fut, dit-on, suggéré par l'empereur Joseph II lui-même. Il s'appuie sur un fait réel qui a défrayé la chronique dans la société viennoise de l'époque : deux officiers avaient entrepris de séduire chacun la fiancée de l'autre… et y étaient fort bien parvenus. Cela pouvait être un sujet de vaudeville, d'*opera buffa* : avec Mozart, *Cosi fan tutte* frôle la tragédie. Car au bout de cette comédie amère, que reste-t-il des deux couples ? Quand l'amour montre ainsi son doux leurre, la douleur, bien sûr, n'est pas loin : c'est aussi la leçon de Marivaux. Ces liaisons dangereuses auxquelles se livrent Fiordiligi et Ferrando, Dorabella et Guglielmo révèlent avec la plus pure cruauté l'éternelle duperie des sentiments éternels. Souvent mal compris, mal entendu, *Cosi fan tutte* est pourtant l'œuvre peut-être la plus profonde de tout le théâtre lyrique. Son pessimisme, sa finesse déchirante, n'ont d'égale que la subtilité de son écriture musicale, du sublime trio de l'acte I, « Soave sia il vento », à l'aria de miel chantée par Ferrando, « Un'aura amorosa », en passant par le second air de Fiordiligi, « Per pietà ». Chaque page de *Cosi* est, comme une infinie variation en ombres et lumières sur le thème de la grâce.

Hélas la mort de Joseph II interrompt la carrière de *Cosi fan tutte* après trois représentations, et l'œuvre tombe dans un oubli complet pendant plus d'un siècle ! L'empereur disparu, Da Ponte doit quitter assez vite Vienne où ses ennemis pullulent. C'est donc sur un livret de Métastase hâtivement révisé par Mazzolà que Mozart compose *la Clémence de Titus* pour célébrer le couronnement du successeur de Joseph II, Léopold II, comme roi de Bohême. Exaltation de la monarchie, quelques mois après la Révolution française, l'ouvrage se présente comme un retour au cadre strict de l'*opera seria*, encore que Mozart sache lui insuffler une réelle dynamique à travers quelques airs, ou par l'utilisation du chœur comme élément dramatique de l'action. L'ouvrage n'est pourtant guère goûté ni des Praguois, ni même de l'empereur…

SUR UN AIR DE FLÛTE

Mais avec son ultime chef-d'œuvre lyrique, *la Flûte enchantée* Mozart, quelques semaines avant de mourir, rédige son testament musical et spirituel. On sait qu'il a adhéré à la franc-maçonnerie en 1785 et c'est pour en illustrer l'esprit que, à la requête et sur un livret d'un frère de loge, Emanuel Schikaneder, par ailleurs chanteur et directeur du Theater an der Wien, un modeste théâtre de banlieue, Mozart compose ce Singspiel, relevant autant du conte féerique que de la cérémonie initiatique, de la bande dessinée que du rituel symbolique. Sans aucun rapport avec ses précédents ouvrages, il y mêle musique savante et forme populaire dans cette recherche de la vérité entre les deux chemins de la Lumière et de la Nuit. Cet itinéraire initiatique se déploie dans la partition en suscitant des oppositions splendides, de la Reine de la Nuit aux vocalises stupéfiantes et inhumaines à Sarastro et à sa noblesse grave, mais aussi du monde pur, exprimé par une ligne mélodique d'une rare souplesse chez Tamino et Pamina, à l'univers populaire des chansons viennoises exprimé par Papageno ou Papagena. Le succès est immédiatement au rendez-vous, tant de la part du public peu cultivé qui applaudit aux aventures à rebondissements des héros, que de la part de celui qui saisit les implications philosophiques de l'œuvre. Salieri lui-même, attiré par la renommée de la pièce, vient un soir et ne tarit pas d'éloges à l'issue de la représentation. Mozart est fier et heureux de connaître enfin, avec cette œuvre, un tel succès à Vienne. Neuf semaines plus tard, il meurt.

Don Giovanni, scène finale.
Mise en scène Pierre Constant.
Atelier lyrique
de Tourcoing, 1995.
Photo © D. Pierre.

Cosi fan tutte.
Mise en scène, décors
et costumes Ezio Toffolutti.
Opéra national de Paris, 1998.
Photo © J. Moatti.

L'OPÉRA ITALIEN

L'opéra s'est d'abord développé là où il est né, c'est-à-dire en Italie. À travers le bel canto en premier lieu, un concept mal compris et qui a souvent donné lieu à des malentendus parce qu'on l'assimilait à tout l'opéra italien : Alessandro Scarlatti en demeure le représentant majeur. À sa suite sont apparus trois compositeurs, Rossini, puis Bellini et Donizetti qui, tout en conservant les acquis du bel canto, en infléchissent les lignes vers l'expression romantique. Des virtuosités du *Barbier de Séville* à la grandeur tragique de *Norma* ou à la folie de *Lucia di Lammermoor*, un nouveau chemin lyrique se dessine. Verdi en recueille l'héritage et va, traversant tout le XIXe siècle en imposant sa marque, donner à l'opéra italien ces grands chefs-d'œuvre qui caractérisent le romantisme lyrique, de *Nabucco* à *Otello* en passant par *La traviata*, portant l'opéra à sa fonction expressive la plus achevée. Puccini saura pousser ces feux ardents au tournant du siècle – sa *Tosca* date de 1900 –, ce XXe siècle durant lequel même les compositeurs contemporains, les Nono et autres Berio, prolongeront avec un langage d'aujourd'hui ce grand élan vocal qui demeure l'essence de la lyrique italienne.

Teatro Comunale de Macerata.
Photo © Moatti/Kleinefenn. Sipa Press.

LA NAISSANCE DU BEL CANTO

Giunio Bruto d'Alessandro Scarlatti. Aquarelle de Filippo Juvara. Nationalbibliothek de Vienne. Coll. particulière.

Décor baroque de l'opéra italien. D.R.

Souvent employé de manière erronée, voire carrément galvaudé, ramené à n'importe quelle manifestation de chant italien, le bel canto (littéralement « beau chant ») est en réalité un style de chant, apparu à une époque qui s'étend approximativement de 1680 à 1820.

Les principaux représentants en sont des compositeurs comme Alessandro Scarlatti, Pergolèse, Haendel, Leo, Traetta, Jommelli, Hasse, et aussi, dans plusieurs de ses œuvres, Mozart lui-même ainsi que Rossini.

Si l'on s'attache à cerner le bel canto comme style, on s'aperçoit d'ailleurs qu'il ne se définit pas en termes exclusivement musicaux, mais qu'il doit être rattaché à une culture, à une philosophie, à une esthétique, à une attitude par rapport à la vie qui se concentrent sous le terme d'hédonisme. Le bel canto repose, en effet, d'abord sur les notions de plaisir et de beauté pure. Le chant y apparaît comme objet et fin en soi, toutes les autres composantes de l'art étant à son service, à commencer par la technique vocale soumise à des impératifs spécifiques, dont la nécessité d'une souplesse particulière, et la faculté, pour l'interprète, d'enrichir la ligne de chant d'ornements virtuoses, vocalises, trilles, etc.

ESTHÉTIQUE ET VIRTUOSITÉ

Bien sûr, cette esthétique se soucie peu de réalisme : on voit ainsi fréquemment, dans l'opéra bel-cantiste, des femmes incarner des rôles d'homme, tout comme des hommes travestis en femme. L'opéra bel-cantiste est aussi le terrain d'élection des castrats, à qui sont attribués la plupart du temps les rôles principaux de *primo uomo* et de *secondo uomo*. Les rôles y sont en effet régis selon une hiérarchie stricte, déterminant pour chacun un espace scénique spécifique, un nombre d'airs donné, des types de costumes dont toute vérité historique est exclue mais qui contribuent à la définition codée de chaque personnage. En fait la musique et le chant étant une fin en soi, le théâtre, la dramaturgie deviennent secondaires et ne cherchent plus guère de justification.

Ariodante. Zehava Gal.
Mise en scène Pier Luigi Pizzi.
Paris, théâtre des Champs-Élysées, 1985.
Photo © Enguerand.

En contrepartie, la virtuosité requise des interprètes est considérable et va trouver son emploi dans ce qui représente une des bases stylistiques de l'opéra de bel canto, l'*aria da capo*. De quoi s'agit-il ? D'un air en trois parties, dont la dernière reproduit la première mais avec des ornements surajoutés, laissés à la libre improvisation du chanteur : c'est là qu'on prend la mesure du talent d'un interprète bel-cantiste.

Ce style et cet art, au cœur de l'esthétique de l'opéra durant près d'un siècle et demi, ne devaient pas totalement disparaître ensuite et il est clair que, chez Bellini ou chez Donizetti, chez le premier Verdi même, des préoccupations hédonistes ont continué de se faire jour dans le traitement des voix, dans un certain chant fleuri, richement ornementé. Pourtant, si l'on a pu parler de « bel canto romantique » pour désigner ces œuvres de transition qui ont occupé la première partie du XIXe siècle, une évidente contradiction dans les termes demeure entre le bel canto, art de l'artifice pur et de la jouissance vocale seule, et le romantisme, dont la préoccupation est l'expression dramatique d'une individualité, d'un héros caractérisé par son chant. Durant la grande époque du bel canto, quelques compositeurs vont s'illustrer, en tout premier lieu Alessandro Scarlatti (1660-1725), dont les débuts de compositeur lyrique se déroulent en 1679 (il a dix-neuf ans) sous les auspices de la reine Christine de Suède, au service de laquelle il était entré à Rome. À ce premier opéra, *Gli equivoci nel sembiante,* devaient succéder plusieurs dizaines d'autres (quelque cent quinze opéras, auxquels s'ajoutent plus de six cents cantates, sortes d'opéras miniatures !), parmi lesquels les plus célèbres demeurent *Il Mitridate Eupatore* (Venise, 1707), *Tigrane* (Naples, 1715) ou *Griselda* (Rome, 1721).

Les principaux disciples de Scarlatti, Leonardo Leo (1694-1744) et l'Allemand Johann Adolf Hasse (1699-1783), seront, avec Pergolèse et surtout Haendel, les représentants majeurs de ce style. Mais celui-ci disparaîtra progressivement, entraîné par le déclin des castrats et par l'exigence nouvelle d'une plus grande adéquation entre texte et musique, entre caractères humains et expression. Aujourd'hui, si quelques interprètes de talent essaient d'en faire renaître l'esprit, ce n'est pourtant, dans notre époque marquée par la raison, que le reflet d'un temps à jamais perdu.

GIOACCHINO ROSSINI
1792-1868

REPÈRES
- 1812 *La scala di seta* (l'Échelle de soie)
- 1813 *Tancredi*
  L'Italiana in Algeri (l'Italienne à Alger)
- 1814 *Il Turco in Italia* (le Turc en Italie)
- 1816 *Il barbiere di Siviglia* (le Barbier de Séville)
  Otello
- 1817 *La Cenerentola* (Cendrillon)
  La gazza ladra (la Pie voleuse)
- 1818 *Mosè in Egitto* (Moïse en Égypte)
- 1820 *Maometto II*
- 1823 *Semiramide*
- 1825 *Il viaggio a Reims* (le Voyage à Reims)
- 1829 *Guillaume Tell*

Gioacchino Rossini d'après un portrait de Vincenzo Camuccini.
Musée de la Scala de Milan.
D.R.

Rossini demeure encore aujourd'hui une énigme : pourquoi ce compositeur adulé du public, au faîte des honneurs et de la gloire, cesse-t-il de composer à trente-sept ans, alors qu'il mourra à soixante-seize ans ? Une facétie de plus pour ce personnage né un 29 février et mort un vendredi 13 ! De toute façon, la musique ne l'a jamais quitté : il est même né dedans, à Pesaro, son père étant trompettiste et sa mère cantatrice. Tout petit, il apprend à jouer du cor et à chanter. Un chanoine local, puis un *padre* complètent son éducation musicale, à laquelle il ajoute la pratique du clavecin, puis du violon et de l'alto. Il y adjoindra encore celle du violoncelle, du piano, approfondira sa technique de chant et s'initiera au contrepoint, tout en s'amusant très tôt à composer de petites pièces, puis des pièces plus importantes, dont une cantate créée en 1808 à Bologne : il a seize ans. La même année, il compose son premier opéra, *Demetrio e Polibio*. En 1810, à Venise, est créé avec succès son second opéra : *La cambiale di matrimonio*. Son ouvrage suivant, *L'equivoco stravagante* voit le jour à Bologne en 1811, et l'année de ses vingt ans, en 1812, ce sont cinq opéras que compose Rossini, parmi lesquels la délicieuse *Scala di seta*.

DE L'OPERA BUFFA...

En 1813 il écrit, pour Venise, *Il signor Bruschino*, *Tancredi* et ce chef-d'œuvre étourdissant de verve qu'est *L'Italiana in Algeri*, peut-être le dernier feu d'artifice de l'*opera buffa*, avant que Rossini lui-même n'infléchisse le genre vers la comédie satirique. Il faut avoir entendu le stupéfiant finale de l'acte I, tissé d'onomatopées ricochantes, ou la cérémonie durant laquelle le bey Mustafa est élevé en grande pompe à la « dignité » de « Pappataci » (littéralement « bouffe et tais-toi » !), pour comprendre le succès irrésistible de Rossini.

Suivent donc *Aureliano in Palmira*, *Il Turco in Italia*, *Sigismondo*, jusqu'à ce que le San Carlo de Naples lui propose un contrat par lequel il s'engage à fournir deux opéras par an. Il a vingt-trois ans et il est déjà tenu pour un des plus grands compositeurs vivants ! À Naples, il trouve tout à la fois un public ouvert, un orchestre, un chœur et un chef de premier ordre, et surtout une exceptionnelle équipe de chanteurs, au premier rang desquels Isabel Colbran, une des meilleures interprètes de son temps, qui deviendra sa maîtresse, puis sa femme en 1822.

À côté de tous les ouvrages qui vont jalonner ces années, d'*Elisabetta regina d'Inghilterra* à *Otello* (avec sa fin tragique alors considérée comme une option d'« avant-garde »), d'*Armida* à *Mosè in Egitto* (dont la « Prière », pour solistes et chœur, demeure une des scènes d'ensemble les plus saisissantes

Sémiramis.
Montserrat Caballe et Marilyn Horne.
Mise en scène Pier Luigi Pizzi.
Festival d'Aix-en-Provence en 1980
Photo © Enguerand.

et les plus populaires composées par Rossini) ou de *La Donna del lago* (premier véritable opéra romantique, tiré de Walter Scott) à *Maometto II*, Rossini trouve encore le temps de composer pour d'autres théâtres.

C'est ainsi qu'il donne à Rome, en 1816, un opéra intitulé *Almaviva, ossia L'inutile precauzione*. Mais ce titre, choisi par Rossini pour ne pas heurter le vieux Paisiello (qui avait traité le même sujet, tiré de la comédie de Beaumarchais, quelque quarante ans plus tôt), sera changé six mois plus tard, Paisiello étant mort entre-temps, en *Barbier de Séville*. Contrecarré à la première par une cabale qui en fait un incroyable fiasco, ce *Barbier de Séville* remporte, dès le lendemain, un succès qui ne se démentira plus : Rossini a vingt-quatre ans.

L'année suivante, à Rome, avec *La cenerentola*, sous-titrée « *dramma giocoso* », Rossini marie le genre léger avec la fable sentimentale. Il a définitivement quitté l'opéra-bouffe. Il offre encore un bouquet d'ouvrages variés, de *Matilde di Shabran* à *La gazza ladra* en passant par *Ermione* ou *Zelmira*. En 1822, lassé de Naples et des critiques apportées à ses innovations, il se rend à Vienne, où il déchaîne l'enthousiasme du public ; il y rencontre Beethoven et fait, dit-on, pleurer Hegel, le philosophe ! Il revient à Venise afin d'y créer son dernier opéra pour l'Italie : ce sera *Semiramide*, étourdissant feu d'artifice de virtuosité qui sonne comme l'adieu à un genre.

... À L'Opéra de Paris

Après une année passée à Londres, où il est reçu par George IV et acclamé partout où il se présente, il arrive à Paris en 1824. Charles X le nomme inspecteur du chant, puis directeur du Théâtre-Italien, compositeur du roi et engagé à fournir à l'Opéra de Paris une œuvre nouvelle chaque année.

Pour remercier le souverain, Rossini compose d'abord son éblouissant *Viaggio a Reims,* pour une invraisemblable réunion de chanteurs vedettes qui, quatre soirs durant, à l'occasion du couronnement de Charles X, vont ainsi faire vivre sa partition peut-être la plus étincelante. Après ce *Viaggio a Reims*, Rossini, pour se conformer au goût du pays qui l'a accueilli, va écrire uniquement sur des livrets en français en tenant compte des conventions propres à l'opéra français. C'est ainsi qu'il remaniera très profondément *Maometto II* (devenu *le Siège de Corinthe* en 1826) ou *Mosè in Egitto* (devenu *Moïse et Pharaon* en 1827). En 1828, il compose une comédie légère, *le Comte Ory*, dans l'esprit de Boïeldieu, en reprenant quelques fragments de la partition du *Viaggio a Reims*. En fait, sa seule œuvre française totalement originale est *Guillaume Tell*, un ouvrage aux très vastes proportions qui annonce le « grand opéra à la française » (et donc Meyerbeer), mais qui ne rencontre qu'un succès d'estime.

La révolution de 1830, qui chasse Charles X et rompt son contrat avec l'État français, la fatigue de ces vingt années menées à un rythme haletant, l'usure de la composition de quelque quarante opéras, l'évolution des goûts du public vers le décorum plus que vers l'expression vocale, toutes ces raisons conjuguées poussent Rossini à mettre un terme à sa carrière de compositeur lyrique : il n'a que trente-sept ans. Durant les trente-neuf années qui suivront, il vivra comme un maître révéré, s'amusant à jeter sur le papier quelques « petits riens », quelques piécettes pour piano (réunies sous le titre de *Petits Péchés de ma vieillesse*), composant encore une *Petite Messe solennelle* ou un *Stabat mater*, mais ne revenant jamais à l'opéra.

Le Barbier de Séville en 1990 à l'Opéra de Nancy.
Mise en scène Ruggero Raimondi.
Photo © C. Masson/Enguerand.

Vincenzo Bellini
1801-1835

REPÈRES
- 1825 *Adelson e Salvini*
- 1826 *Bianca e Fernando*
- 1827 *Il pirata (le Pirate)*
- 1829 *La straniera (l'Étrangère)*
- 1830 *I Capuleti e i Montecchi* (les Capulet et les Montaigu)
- 1831 *La sonnambula (la Somnambule)* *Norma*
- 1833 *Beatrice di Tende*
- 1835 *I puritani (les Puritains)*

Vincenzo Bellini.
Huile de Pelagio Palagi.
Conservatorio di Musica
San Pietro a Maiella, Naples.
Photo G. Tomsich.
© Archives Larbor.

Le Pirate, scénographie d'Alessandro Sanquirico en 1827 à la Scala de Milan. Archives municipales Bertarelli, Milan.
Photo Ph. G. Costa.
© Archives Larbor.

« Toute sa personne avait l'air d'un soupir en escarpins » : c'est ainsi que le poète Henri Heine décrit Vincenzo Bellini, qu'il croise régulièrement dans les salons de ce Paris où le jeune compositeur italien s'est fixé à la fin de sa courte vie. Pourtant, à sa naissance, à Catane en Sicile, cet aîné des sept enfants du maître de chapelle Rosario Bellini n'est en rien différent de ses camarades de jeu. Simplement, on est musicien dans la famille et, bien sûr, le petit Vincenzo commence très tôt à jouer du piano, à chanter, à composer même. Envoyé au Conservatoire de Naples, il va rapidement y épanouir ses dons et son premier opéra, *Adelson e Salvini*, y est créé en 1825. L'impresario du San Carlo de Naples, Barbaja, lui commande *Bianca e Fernando* créé en 1826, avec une superbe distribution (Méric-Lalande, Rubini, Lablache : trois stars). Le succès entraînant le succès, la Scala de Milan fait à son tour appel au jeune compositeur, en lui proposant de composer un opéra sur un poème du librettiste vedette de l'époque, Felice Romani : *le Pirate* est créé à la Scala en 1827, avec à nouveau Méric-Lalande, Rubini et cette fois Tamburini, une autre star !

Vincenzo Bellini est lancé. La société féminine de la capitale lombarde s'intéresse à lui : il est beau, avec cette pâleur romantique, cette langueur aussi qui font se pâmer les Milanaises, et il compose des mélodies tendres qui n'en finissent pas de caresser les oreilles. Après *La straniera* en 1829, à nouveau à la Scala, c'est *Zaira* à Parme puis *I Capuleti e i Montecchi* à Venise (avec Giuditta Grisi, pour laquelle il a écrit le rôle de Roméo).

Mais c'est en 1831 que Bellini s'affirme incontestablement comme un des meilleurs compositeurs lyriques de son temps : cette année-là (celle de ses trente ans) le théâtre Carcano de Milan crée *la Somnambule*, avec la légendaire Giuditta Pasta. Expressément composé pour la diva, le si touchant rôle d'Amina, l'orpheline somnambule héroïne de cette idylle villageoise, est pour une fois le contraire d'une femme déchirée et, même si la folie n'est pas loin, c'est une folie douce, toute en demi-teinte, où le rêve croise la réalité. L'important dans ce rôle est de restituer la tendresse mélancolique du personnage, à travers cette longue phrase, toute en volutes, en vibrations intérieures. Avec cet opéra tissé d'émotions subtiles et porté par la seule *vocalità*, Bellini impose un style, celui d'un romantisme expressif mais héritier du bel canto pour la richesse de l'efflorescence vocale – ce qui sans doute lui vaudra l'appellation de « bel canto romantique ».

CASTA DIVA

À la fin de cette même année 1831, toujours à Milan mais à la Scala cette fois, Bellini donne son plus incontestable chef-d'œuvre : *Norma*.

Maria Callas dans Norma *en 1964 à l'Opéra de Paris.*
Documentation Opéra national de Paris.

Paris. Là il se lie d'amitié avec Chopin, dont le rapprochent une commune sensibilité exacerbée et une même attitude romantique. En 1834, le Théâtre-Italien de Paris lui demande un opéra : Carlo Pepoli en rédige le livret, d'après Walter Scott, figure de référence du romantisme littéraire, et les *Puritains* sont créés le 24 janvier 1835 avec un quatuor vocal de rêve (Giulia Grisi, Rubini, Tamburini et Lablache) ! C'est un triomphe.

LE CHANT DE L'ÂME

Hélas ! ce sera le dernier du compositeur sicilien : quelques mois plus tard, Bellini meurt à trente-trois ans, dans des circonstances suffisamment peu claires pour avoir suscité quelques rumeurs d'assassinat. En fait, il est à peu près avéré qu'il a été emporté par une grave infection intestinale.

Son héritage demeure très important dans la lyrique italienne : assurant une transition entre le pur bel canto et l'esprit du romantisme, il inscrit un univers poétique neuf à l'intérieur de l'opéra, avec des schémas mélodiques qui ne seront pas sans influence sur son ami Chopin ni, non plus, sur Berlioz. Surtout il donne au chant une place centrale dans l'expression de l'âme, transcendant en cela le seul hédonisme du bel canto et ouvrant la voie au grand drame romantique.

On n'est plus là dans le domaine éthéré de *la Somnambule* : cette brûlante tragédie, présente une femme incendiée de désir, écartelée entre le devoir de sa charge de prêtresse gauloise et son amour coupable pour un général romain, dont l'histoire s'achève dans un sacrifice grandiose et purificatoire.
Ce véritable drame, à la dimension néoclassique en même temps qu'embrasé par un feu lyrique ardent, dépassera d'ailleurs un peu l'entendement des Milanais et l'ouvrage ne triomphera pas d'emblée. Pourtant, il s'agit d'un des monuments du répertoire et le fameux « Casta diva », invocation à la Lune, aux couleurs précisément « lunaires », est certainement un des airs les plus célèbres de l'histoire de l'opéra.

Après *Norma*, Bellini compose pour la Fenice de Venise *Béatrice de Tende* qui essuie un échec. Il quitte alors l'Italie et, après un bref séjour à Londres, s'établit à

June Anderson dans les Puritains *en 1987 à l'Opéra-Comique de Paris. Mise en scène Andrei Serban.*
Photo © M. Szabo.

REPÈRES	
1830	Anna Bolena
1832	L'elisir d'amore (l'Élixir d'amour)
1833	Lucrezia Borgia
1834	Maria Stuarda
1835	Lucia di Lammermoor
1837	Roberto Devereux
1840	la Favorite
	la Fille du régiment
1842	Linda di Chamounix
1843	Don Pasquale
1844	Caterina Cornaro

GAETANO DONIZETTI
1797-1848

Henry VIII, lassé de sa femme Anne Boleyn, entreprend de se débarrasser d'elle pour épouser sa dame d'honneur, Jane Seymour. Chaque personnage trouve la véritable expression de son caractère dans une construction musicale, à l'intérieur de laquelle la virtuosité vocale s'intègre naturellement.

Ce premier triomphe est confirmé deux ans plus tard, mais dans le domaine léger, par le délicieux *Élixir d'amour*, petit trésor de mélodies et de rythmes qui réjouit les spectateurs du Teatro della Canobbiana de Milan où il est créé en 1832. Les Français ne tarderont pas à l'applaudir avec le même entrain, surtout après avoir entendu la réplique révélant que l'élixir d'amour n'est autre que... du bordeaux !

Gaetano Donizetti.
Portrait par Gennaro Ruo.
Conservatorio di Musica San Pietro a Maiella, Naples.
Photo © Archives Larbor.

Issu d'une famille pauvre de l'Italie du Nord, le jeune Gaetano n'a pas eu la vie facile : ses parents s'opposent à sa vocation musicale en dépit des dons évidents qui lui sont reconnus très vite et lui valent d'être admis à neuf ans à la Scuola caritatevole di musica (l'École charitable de musique), fondée par le compositeur Mayr à Bergame, sa ville natale. Grâce à l'intérêt que lui témoigne son maître (et à son soutien financier), il peut, à partir de 1815, poursuivre ses études à Bologne auprès du padre Mattei.

Pour venir en aide à sa famille, il accepte de s'engager dans l'armée, mais continue de composer avec ardeur. Après trois opéras non représentés, un quatrième, *Enrico di Borgogna*, est enfin créé à Venise en 1818 : le jeune soldat a vingt et un ans. Lui succèdent deux autres pièces, dont l'une est un succès en 1819, toujours à Venise, et l'autre un échec à Mantoue en 1820. En décembre de cette même année, grâce à l'intervention d'une aristocrate influente, le jeune homme est libéré de ses obligations militaires. Il peut se consacrer à la seule musique, et il va composer quelque vingt-cinq opéras en neuf ans – dont force est de reconnaître que, même s'ils révèlent un talent affirmé, ils n'ont guère marqué les mémoires. Dans l'estime du public, il reste alors encore loin derrière son aîné Rossini, et même son cadet Bellini.

Mais, le 26 décembre 1830, le théâtre Carcano de Milan crée son *Anna Bolena*, avec la grande Giuditta Pasta et le ténor Rubini : c'est un triomphe. Le livret de Romani, tiré de la réalité historique, tout en tensions et en violence, est un élément de ce succès : il raconte la manière dont

DRAMES ET PASSIONS

Donizetti revient à la Scala de Milan en 1833 avec une nouvelle tragédie historique, *Lucrezia Borgia*. *Torquato Tasso* (1833), *Maria Stuarda* (1834), ou *Roberto Devereux* (1837) seront de la même veine, qui lui réussit si bien. L'opéra historique lui permet d'affirmer, en effet, sa place charnière dans l'histoire de l'opéra italien, entre Rossini et Bellini

Luciano Pavarotti et Gabriel Bacquier dans *l'Élixir d'amour* en 1987 à l'Opéra national de Paris. Mise en scène d'après Otto Schenk. Production du Festival de Vienne, 1973.
Photo © J. Moatti.

d'une part, dont l'inspiration demeure marquée par le bel canto, et Verdi d'autre part, chez qui s'incarneront les drames et les passions propres au romantisme lyrique. Cette évolution transparaît dans les personnages, révélant de plus en plus des caractères humains que la musique souligne, voire accentue.

Le point culminant de ce parcours est atteint avec *Lucia di Lammermoor*. Créé en 1835 au San Carlo de Naples, l'opéra remporte un succès considérable qui ne se démentira jamais. C'est sans doute qu'il réalise la synthèse parfaite entre un excellent livret de Salvatore Cammarano, tiré d'un roman de Walter Scott, et une expressivité vocale que Donizetti sait pousser au maximum, en particulier à travers la fameuse « scène de la folie » de l'acte III, où la voix et l'intensité du jeu dramatique sont sollicitées à leur plus haut niveau. D'ailleurs tous les grands sopranos, de la Patti à la Callas en passant par Lily Pons, Nellie Melba ou Joan Sutherland, voudront affronter le rôle de cette femme déchirée par des trahisons successives jusqu'à basculer dans la folie.

REVERS ET SUCCÈS

Donizetti va alors parcourir l'Europe, composant toujours des opéras, qui se succèdent avec des bonheurs divers. Il connaît des revers : on lui refuse la direction du Conservatoire de Naples et il en est profondément affecté. Surtout, sa vie privée est fracassée, le 30 juillet 1837, par la mort de sa femme chérie, âgée de vingt-huit ans. Le travail devient alors un dérivatif à son malheur.

En 1839, après que *Poliuto* a été interdit par la censure, Donizetti quitte Naples pour Paris, où il donne, en 1840, *la Fille du régiment* à l'Opéra-Comique, *les Martyrs* (version française révisée du *Poliuto* interdit) et *la Favorite*. Le succès est chaque fois au rendez-vous, au point que certains compositeurs français sont près d'en prendre ombrage.

Mais Donizetti est à nouveau sur les routes : il retourne quelques mois en Italie où il crée deux opéras, part à Vienne où *Linda di Chamounix* (1842) remporte un tel succès que l'empereur le nomme compositeur de la cour et maître de la chapelle impériale ! À Paris en janvier 1843, il donne au Théâtre-Italien son chef-d'œuvre léger, *Don Pasquale*, créé par un quatuor exceptionnel (Grisi, Mario, Tamburini, Lablache), et repris durant cette même année sur quelque douze scènes, de Londres à Milan en passant par Bruxelles !

Après cela, il y aura bien encore quelques ouvrages – *Maria di Rohan* à Vienne, *Dom Sébastien, roi du Portugal* à l'Opéra de Paris et finalement, l'ultime opéra, *Caterina Cornaro*, qui permet à Donizetti de retrouver le San Carlo de Naples en 1844 –, mais l'essentiel est dit. La santé du maestro se dégrade : accumulant fatigue nerveuse, troubles circulatoires, syphilis, il est frappé en 1845 par une paralysie dont il ne se remettra jamais. Placé dans un asile d'aliénés à Ivry en 1846, il est finalement ramené à la fin 1847 à Bergame où il meurt fou.

June Anderson dans *Lucia di Lammermoor* en 1995 à l'Opéra national de Paris.
Mise en scène Andrei Serban.
Photo © F. Kleinefenn.

REPÈRES	
1842	*Nabucco*
1844	*Ernani*
1847	*Macbeth*
1851	*Rigoletto*
1853	*Il trovatore (le Trouvère)*
	La traviata
1859	*Un ballo in maschera (Un bal masqué)*
1862	*La forza del destino (la Force du destin)*
1867	*Don Carlos*
1871	*Aida*
1887	*Otello*
1893	*Falstaff*

Giuseppe Verdi. Huile de Giovanni Boldoni, 1886.
Coll. particulière.

Nabucco.
Jean-Philippe Lafont (Nabucco),
Julia Varady (Abigaille).
Mise en scène Robert Carsen.
Opéra national de Paris, 1995.
Photo © F. Kleinefenn.

GIUSEPPE VERDI
1813-1901

Rien ne semblait prédisposer le fils de l'aubergiste des Roncole, un humble hameau de la commune de Busseto, dans le duché de Parme, à relever, et avec quel panache, le flambeau des Rossini, Bellini ou Donizetti. C'est en écoutant l'orgue à l'église du village que le petit Giuseppe va découvrir la musique, tant et si bien que, convaincus de ses dons, ses parents l'envoient parfaire son éducation musicale à Busseto, auprès du chef de fanfare. Là, la chance lui sourit : il loge chez Antonio Barezzi, un marchand local, amateur de musique, qui décide de financer ses études à Milan, et, en 1834, il peut briguer, et obtenir, le poste de chef de la musique municipale de Busseto – en même temps qu'il brigue, et obtient, la main de Margherita Barezzi, la fille de son protecteur, qu'il épouse en 1836. Il se lance alors dans la composition de son premier opéra, *Oberto, conte di San Bonifacio*, créé à la Scala de Milan le 17 novembre 1839. Avec un succès suffisant pour inciter Merelli, son directeur, à lui en commander un second. Hélas celui-ci connaîtra le sort que semblait ironiquement lui réserver son titre, *Un giorno di regno (Un jour de règne)* : il ne sera représenté qu'un jour, avant d'être retiré de l'affiche. Mais l'échec s'était nourri de circonstances particulières : durant la composition de cet ouvrage, Verdi devait vivre une terrible tragédie personnelle, perdant successivement ses deux enfants et sa jeune femme.

LA LUTTE CONTRE L'OCCUPANT

Profondément déprimé, Verdi est prêt à abandonner la vie musicale quand Merelli le convainc de tenter sa chance à nouveau avec un livret qu'il lui confie : celui de *Nabucco*. Le compositeur hésite, se prend pourtant au jeu et finalement l'opéra est créé à la Scala le 9 mars 1842. C'est un triomphe incommensurable ! Verdi dira d'ailleurs, quelques années plus tard : « Ma vie musicale a véritablement commencé avec *Nabucco*. » Il est clair que cet opéra, outre son impact politique, marque un tournant par l'ampleur de la participation chorale, la violence du discours orchestral, et une véhémence vocale sans précédent : le style verdien est né.

I Lombardi, l'année suivante, reprend les mêmes recettes, avec le même succès. Mais, dès 1844, *Ernani* marque une avancée nouvelle : Verdi y inaugure, avec un opéra tiré d'un drame de Victor Hugo, ces ouvrages au ton puissamment dramatique, aux situations contrastées, qui justifient ces nouveaux canons de la *vocalità* où se combinent l'héritage de Donizetti et les nouvelles exigences du romantisme. Les grands types vocaux verdiens, tels qu'ils réapparaîtront dans ses opéras ultérieurs, sont présents dans *Ernani* :

le ténor à la fois lyrique et héroïque, la soprano à l'aigu solide mais transparent et à la virtuosité sans faille, le baryton au timbre sombre, aux couleurs ardentes (une catégorie vocale qu'on appellera bientôt le « baryton-Verdi ») et la basse aux résonances profondes mais à la ligne ferme.

Durant les années qui suivent, Verdi compose à tour de plume une série d'opéras, dans lesquels il affine son écriture, développe sa palette orchestrale, tout en continuant de choisir des sujets historiques propres à trouver un écho dans l'Italie en lutte contre l'occupant autrichien. Se succèdent ainsi *I due Foscari, Giovanna d'Arco, Alzira, Attila*.

En 1847, avec *Macbeth*, Verdi pousse plus loin l'expression orchestrale, chorale et vocale, allant même jusqu'à réclamer « une voix laide » pour le rôle de Lady Macbeth, cherchant en fait à trouver une réponse musicale à la puissance du drame de Shakespeare.

Et le rythme des compositions ne se relâche pas, les ouvrages se succédant les uns après les autres : *I masnadieri (les Brigands), Il corsaro, La battaglia di Legnano*, et *Jérusalem*, adaptation française d'*I Lombardi* pour l'Opéra de Paris. Mais avec *Luisa Miller* (1849) et *Stiffelio* (1850), il n'hésite pas à délaisser les grandes fresques historiques pour introduire le drame bourgeois et préparer ce qui sera un de ses chefs-d'œuvre, *la Traviata*.

DESTINS DRAMATIQUES

Car, avec ce qu'on a appelé sa « trilogie » (*Rigoletto, le Trouvère* et *La traviata*), Verdi va développer sa préférence pour l'approfondissement des caractères humains au détriment des sujets politiques trop naturellement manichéens. Ainsi, *Rigoletto* propose la dramatique histoire (tirée encore une fois d'un drame d'Hugo, *Le roi s'amuse*) d'un père déchiré qui, voulant venger l'honneur de sa fille, provoque sa mort. *Le Trouvère* est, sous le couvert d'un drame de cape et d'épée, une sombre histoire de vengeance qui se retourne contre celui qui l'a voulue.
Et *La traviata* (tirée de *la Dame aux camélias* d'Alexandre Dumas fils), brosse le bouleversant portrait d'une femme broyée par la société qui la rejette et la tue.
Chaque fois, des êtres de chair et de sang se débattent contre un destin terrible ; chaque fois, Verdi en dessine des portraits musicaux d'une rare expressivité.

La traviata.
Luisa Mallendi (Annina) et Maria Callas (Violetta). Mise en scène Luchino Visconti. Scala de Milan, 1955.
Archivo fotografico Teatro alla Scala. Coll. particulière.

Avec *la Traviata*, Verdi tente même d'aller plus loin en mettant en scène des personnages contemporains des spectateurs – mais il sera, à son grand mécontentement, contraint de déplacer son action un siècle plus tôt. Aujourd'hui, pour retrouver l'esprit de ce que souhaitait Verdi, il faudrait jouer *La traviata* en complet-veston – mais c'est la musique qui serait alors décalée.

Après cette trilogie populaire, Verdi compose *les Vêpres siciliennes* pour l'Opéra de Paris, puis il transforme son *Stiffelio* en *Aroldo*, et tente *Simon Boccanegra*, qui ne touche pas le public, frustré par l'absence d'airs.

VIVA VERDI

En 1859, il offre un de ses grands chefs-d'œuvre à l'Opéra de Rome avec *Un bal masqué*, synthèse assumée de ses différentes évolutions, associant l'amour à l'amitié, mêlant le tragique et le léger, le fantastique et le morbide dans un discours quasi continu intégrant les grandes arias dans de vastes tableaux au lyrisme renouvelé. Pourtant, posant alors sa plume, Verdi va se consacrer presque exclusivement à l'action politique,

Don Carlo.
Mise en scène Luca Ronconi.
Scala de Milan, 1979.
Archivio Fotografico Teatro alla Scala

s'investissant dans le combat du Risorgimento, dont il a été un des symboles non seulement par ses œuvres, mais par son nom même, devenu un slogan résumant les aspirations du peuple italien : le « Viva VERDI » qu'on voit fleurir sur les murs est à entendre comme Viva V.E.R.D.I., c'est-à-dire Viva Vittorio Emanuele Re D'Italia ! Il sera élu député de Busseto au premier Parlement italien, se liera avec Cavour, siégera avec application, proposera même une loi réformant l'éducation, mais renoncera vite à cette forme d'action pour laquelle il ne se sent guère de goût.

DE *DON CARLOS* À *OTELLO*

Revenant à l'opéra, il compose en 1862 *la Force du destin* pour Saint-Pétersbourg. Derrière l'extravagance du livret, un art des contrastes et de la création d'atmosphère s'y affirme aussi bien dans les épisodes pittoresques, voire burlesques, que dans les scènes tragiques ou pathétiques, avec une formidable puissance dans le maniement des styles qui donne à l'ouvrage puissance et unité. Cinq ans vont s'écouler avant que soit créé, à l'Opéra de Paris, un de ses plus saisissants chefs-d'œuvre, *Don Carlos*. Nouant conflit public et conflit privé, raison d'État et raison du cœur, amour, amitié et trahison, réalisme historique et irruption du fantastique, c'est une immense fresque, articulant des scènes intimes bouleversantes (le monologue de Philippe II, avec son long prélude orchestral qui semble ouvrir le cœur du roi) à des ensembles monumentaux (la scène de l'autodafé, déployant chœurs et orchestres embrasés), des affrontements vocaux impressionnants (le duo de basses de la scène entre Philippe II et le Grand Inquisiteur, porté par une sombre et tragique orchestration à base de violoncelles, contrebasses et contrebasson) à des moments d'intense nostalgie (l'aria d'Élisabeth au cinquième et dernier acte). Créé en français, l'ouvrage devait être révisé par Verdi pour sa version italienne en quatre actes, *Don Carlo*, la plus couramment jouée à présent.

Considéré comme le plus grand compositeur italien de son temps, Verdi ne court plus après les commandes. Il n'a plus rien à prouver, et envisage de renoncer à l'opéra. Pourtant, il va sortir de son silence avec *Aïda*, un opéra pour lequel il reçoit une rémunération sans égale. Commandé pour l'inauguration de l'Opéra du Caire (et non pour celle du canal de Suez, comme on le croit parfois), *Aïda* devait manquer ce rendez-vous, du fait de la guerre de 1870 qui bloquait

Falstaff.
Numéro spécial de l'*Illustrazioni Italiana*, Milan.
Coll. particulière.

à Paris les décors somptueux que l'égyptologue Auguste Mariette y avait fait exécuter ; il faudra attendre décembre 1871 pour en voir la création. Mais *Aïda* est, aujourd'hui encore, victime d'un malentendu et jugé à tort comme une caricature d'opéra à grand spectacle ; en effet, ses scènes d'ensemble et ses défilés (avec les fameuses « trompettes ») ont occulté trop souvent la réalité d'une œuvre beaucoup plus intimiste qu'il n'y paraît. Rompant avec la structure conventionnelle de l'opéra romantique, Verdi y réduit la part des airs, resserre l'action en un drame entre trois personnages marqués par un destin contraire. Il raffine écriture orchestrale et ligne vocale pour donner plus de puissance expressive à la pure déclamation lyrique, jusqu'à cette scène finale, à la puissance tragique hallucinée, où Amnéris, prosternée sur le tombeau dans lequel Aïda et Radamès ont été enterrés vivants, chante cet hymne de mort, marque désespérée de son échec.

Verdi, qui a conscience alors d'avoir affirmé la suprématie de son génie, déclare renoncer à l'opéra. Il compose un quatuor à cordes, son fameux *Requiem* (qui d'ailleurs apparaît à beaucoup, en 1874, comme un « opéra de la mort »). Il faudra attendre 1887 pour assister au retour triomphal du compositeur, alors âgé de soixante-quatorze ans, avec *Otello*, salué comme un ouvrage des plus novateurs, ayant éliminé tout air au profit d'un long discours, d'une « conversation en musique », dont Wagner, en Allemagne, avait été l'initiateur. L'orchestre a pris une importance essentielle, une déclamation dense, souple se déploie tout au long, concentrant l'expression vocale avec une vigueur renouvelée, la richesse polyphonique des chœurs éclate avec une richesse de couleurs inusitée : tout est neuf dans *Otello*, sans pour autant tourner le dos à la tradition lyrique italienne. Le public sera sans doute un peu ébranlé, comme il le sera par l'ultime ouvrage, un opéra-bouffe, *Falstaff*, par lequel Verdi, en 1893, s'amuse à clore son œuvre en un énorme éclat de rire – un adieu en demi-teinte et, dans son écriture tout en finesse, à la manière d'un opéra de chambre, le signe d'un formidable renouvellement stylistique chez ce jeune homme de quatre-vingts ans !

Ayant marqué le XIXe siècle d'une empreinte ineffaçable et ayant abordé au rivage du suivant avec ses deux derniers ouvrages, Verdi meurt à l'aube de ce XXe siècle, le 27 janvier 1901.

Aïda. Acte IV, scène 2.
**Opéra de Paris, 1880.
Maquette de décor
de Philippe Chaperon.**
Photo collection © Archives Larbor.

REPÈRES

- 1884 *Le Villi*
- 1889 *Edgar*
- 1893 *Manon Lescaut*
- 1896 *la Bohème*
- 1900 *Tosca*
- 1904 *Madama Butterfly*
- 1910 *La fanciulla del West* (la Fille du Far-West)
- 1917 *La rondine* (l'Hirondelle)
- 1918 *Il trittico* (le Triptyque)
- 1926 *Turandot*

Giacomo Puccini.
Portrait par G. Rietti.
Coll. Fosca Crespi. D.R.

***La Bohème*, estampe chromolithographique du XIXe.**
Archives municipales Bertarelli, Milan. Coll. particulière.

GIACOMO PUCCINI
1858-1924

C'est en entendant un opéra de Verdi, *Aïda*, à Pise, en janvier 1876, que le jeune Giacomo découvre sa vocation : composer des opéras. Il faut dire que la musique lui coule dans les veines : son père a été maître de chapelle et a composé un opéra, son grand-père en a composé cinq, son arrière-grand-père douze, et son arrière-arrière-grand-père treize !

Mais dès son premier opus, *Le Villi*, le jeune maître montre sa sensibilité au climat romantique en même temps qu'il se distingue par une originalité mélodique et surtout par un traitement approfondi de l'orchestre qui sera sa marque. Pourtant, ce n'est qu'avec *Manon Lescaut*, créée à Turin en 1893, qu'il rencontre un premier vrai succès. L'ouvrage, tiré du célèbre roman de l'abbé Prévost, est tout entier porté par la violence des passions, en particulier celle, intense, de Des Grieux, jeune homme déchiré de désir et, ici, le véritable héros de l'œuvre. Mais ne serait-ce que pour le bouleversant air de Manon au dernier acte, « Sola, perduta, abbandonata », un air où la soprano semble littéralement se consumer, cet opéra, occulté en France par la *Manon* de Massenet, mérite d'être entendu.

La Bohème, créée à Turin en 1896, et tirée du roman d'Henri Murger, permet à Puccini d'affirmer son originalité, avec des innovations d'harmonie et d'orchestration qui déroutent le public au premier abord. Verdi, d'ailleurs, tout en reconnaissant l'habileté et les capacités d'invention de Puccini, estime que celui-ci aurait dû s'abstenir de certains effets contraires aux lois de l'harmonie. Cet échec initial n'affectera pas néanmoins la popularité future de *la Bohème*, grâce, sans doute, à sa composante mélodramatique – histoire d'amour malheureuse entre un poète désargenté, Rodolfo, et une cousette phtisique, Mimi – masquant la profonde modernité de l'œuvre, qui par bien des aspects anticipe Ravel.

TOSCA ET *TURANDOT*

Pourtant c'est avec *Tosca*, créée à Rome le 14 janvier 1900, que Puccini atteint son sommet. Tirée d'une pièce de Victorien Sardou, *Tosca* est resserrée chez Puccini en une brûlante tragédie à trois personnages, Floria Tosca, la cantatrice amoureuse, Mario, son amant, peintre et militant bonapartiste, et Scarpia, le chef de la police, fou de désir pour la Tosca. En condensant l'action, en en faisant une sorte de fil tendu traversant les êtres, marquant chacun par des thèmes musicaux qui tissent la toile de leur destin en même temps que la progression de l'opéra, Puccini donne toute sa force à ces face-à-face successifs. Ne concédant que de brefs solos à ses protagonistes, il fait constamment avancer le drame, avec quelques scènes

(le *Te Deum* de l'acte I, sorte d'affirmation du pouvoir incarné par Scarpia ; le grandiose affrontement entre Tosca et Scarpia à l'acte II, avec ce marchandage sordide d'un corps contre une vie ; la mort de Mario à l'acte III, poignante mise en scène d'un faux espoir) qui, par leurs impressionnants crescendos dramatiques, soulèvent l'auditeur.

Avec *Madame Butterfly*, créée à la Scala, et *la Fille du Far-West*, créée à New York, Puccini trouve ensuite dans des exotismes différents la matière de deux beaux ouvrages, accueillis difficilement à leur création mais applaudis par la suite. Puis, après *La rondine*, une sorte de Traviata en mineur qui constitue un ouvrage de transition, il réunit avec le *Triptyque*, créé à nouveau à New York, trois ouvrages en un acte dont les styles très différents – drame vériste avec *Il Tabarro*, chromo mystique avec *Suor Angelica* et *opera buffa* miniature avec l'éblouissant *Gianni Schicchi* – constituent le prétexte à une démonstration de virtuosité d'écriture.

Son ultime ouvrage, *Turandot*, sera un chef-d'œuvre. Tous les éléments de son art s'y trouvent conjugués : d'une part la rencontre du comique (les trois personnages aux noms évocateurs de Ping, Pang et Pong) et du tragique (l'affrontement de deux destins, celui de la princesse Turandot et celui de Calaf ; elle, fille de l'empereur, belle, froide et cruelle, n'épousera que celui qui résoudra les trois énigmes, faute de quoi il aura la tête tranchée ; lui, fasciné, ose risquer sa vie) ; d'autre part un dernier regard sur la fragilité féminine, constante de l'univers puccinien (avec le personnage poignant de l'esclave Liù, dont l'amour, sans espoir, ira jusqu'à la faire se sacrifier pour Calaf). Enfin, la richesse et la subtilité de l'orchestration en même temps que l'exceptionnel déploiement choral (avec « le peuple de Pékin ») donnent toute sa force d'accompagnement à ce drame. La mort, le 29 novembre 1924, d'un cancer de la gorge, devait empêcher Puccini de terminer cette Turandot, complétée par son disciple Franco Alfano et créée lors d'une soirée d'hommage au compositeur, le 25 avril 1926, à la Scala de Milan, par Toscanini. Avec cet opéra, Puccini va beaucoup plus loin qu'il n'y paraît au premier abord : ses audaces harmoniques (justifiées par l'exotisme du sujet) le conduisent sur la voie d'un Schoenberg. Pourtant, il n'oublie jamais qu'il raconte une histoire à un public : c'est sans doute pourquoi, en dépit de ses innovations et des modernismes de son écriture, il demeure un grand compositeur populaire.

Luciano Pavarotti et Fiamma Izzo d'Amico dans *la Bohème*.
Mise en scène Pierluigi Samaritani.
Opéra national de Paris, 1986.
Photo © J. Moatti.

Tosca.
Maria Callas (Tosca),
Tito Gobbi (Scarpia).
Opéra national de Paris, 1958.
Photo © R.Pic.

Cavalleria rusticana de Pietro Mascagni. Chromolithographie du XIXᵉ siècle. Archives municipales Bertarelli, Milan. D.R.

VERDI A-T-IL DES HÉRITIERS ?

Dans l'Italie du XIXᵉ siècle, Verdi a écrasé le monde de l'opéra de sa personnalité. Pourtant, à côté de Puccini qui, à cheval sur le XIXᵉ et le XXᵉ siècle, s'imposera comme son successeur, se développe en Italie, sous la bannière de la « jeune école », un style qui se veut différent. L'expression, employée pour la première fois dans la presse en 1863, correspond aux divers compositeurs qui vont tenter de prendre la suite de Verdi dans le cœur du public, mieux que le terme souvent employé de « vérisme », applicable en fait seulement à une fraction d'entre eux.

LA JEUNE ÉCOLE

Le premier représentant important de l'après-Verdi est Amilcare Ponchielli (1834-1886), qui connaît un premier succès lyrique en 1872 avec *I Promessi sposi*, d'après Alessandro Manzoni, mais surtout avec *La Gioconda* en 1876, sur un livret de Boïto tiré d'un drame de Victor Hugo, *Angelo, tyran de Padoue*. Faisant le pont entre le drame romantique verdien et le futur opéra vériste, *La Gioconda* rencontre un succès jamais démenti, que Ponchielli confirmera en 1885 avec *Marion Delorme*, encore d'après Victor Hugo.

Après Ponchielli, une autre grande figure de cette « jeune école », Arrigo Boïto (1842-1918), est au moins aussi connu aujourd'hui comme librettiste de Verdi (*Otello, Falstaff*) que comme compositeur. Ardent wagnérien, il a pourtant commencé par s'opposer violemment à Verdi et à écrire sur le patriarche-compositeur des articles pour le moins fielleux. Mais l'échec de son propre opéra *Mefistofele* en 1868 devait l'affecter au point de l'éloigner un temps de la composition. Avec le recul, on mesure mieux l'intérêt de ce vaste opéra, ouvert par un Prologue magnifique, mais dont la variété des styles ne trouve pas toujours son unité ; néanmoins, l'ouvrage propose déjà un nouveau langage qu'exploiteront les musiciens de la « jeune école », et que lui-même tentera d'approfondir avec son *Néron*, laissé inachevé.

Autre compositeur déchiré entre son admiration pour Wagner et son italianité fondamentale, Alfredo Catalani (1854-1893) s'impose en 1890, avec *Loreley*, au romantisme exalté annonçant déjà les effusions pucciniennes, et surtout avec *La Wally*, en 1892. Sans doute l'influence germanique est-elle évidente dans l'orchestration, dans l'importance accordée à la part symphonique, mais l'écriture vocale demeure très italienne dans son expression des passions intenses. On ne joue plus guère *La Wally* aujourd'hui, mais tous les grands sopranos aiment chanter en concert son somptueux air « Ebben ? Ne andro lontana », popularisé en 1981 par le film de Jean-Jacques Beineix, *Diva*.

LE VÉRISME

Quant au vérisme, c'est d'abord un mouvement littéraire, dont le chef de file est le romancier sicilien Giovanni Verga, qui met en scène la revendication sociale du monde agraire du Sud, où la pauvreté engendre un climat étouffant et où les conflits charnels débouchent le plus souvent sur la vendetta d'honneur et sur la logique de la « *coltellata* » (le coup de couteau). C'est d'ailleurs Verga qui écrit en 1880 une nouvelle intitulée *Cavalleria rusticana*, dont Pietro Mascagni (1863-1945) tire en 1890 l'opéra emblématique du vérisme lyrique. Son succès populaire considérable aurait d'ailleurs fait dire à Verdi : « Je puis mourir tranquille. » Même si, ensuite, Mascagni, à travers de nombreux opéras, de *l'Ami Fritz* à *Iris* ou de *Il piccolo Marat* à *Néron* développe une écriture renouvelée, il ne pourra plus échapper à l'étiquette « vériste » dont il demeure l'effigie. C'est peut-être l'association de sa *Cavalleria rusticana* avec *I Pagliacci* de Ruggero Leoncavallo (1857-1919) qui contribuera à faire des deux compositeurs les porte-étendards du vérisme.

Car Leoncavallo a débuté lui aussi, en 1896, avec un opéra plutôt romantique, *Chatterton*, d'après Vigny. Le succès d'*I Pagliacci*, en 1892, avec son Prologue qui apparaît comme le manifeste du vérisme

I Pagliacci.
Jon Vickers (Canio), Carol Vaness (Nedda). Mise en scène Patrice Kerbrat. Opéra national de Paris, 1983.
Photo © J. Moatti.

(Tonio y avertit le public qu'il va assister à un vrai drame, avec de véritables larmes, un drame qui concerne chacun), assure la gloire mondiale de Leoncavallo... et le malentendu sur son œuvre. Car il a d'autres ambitions, que l'on perçoit dans certains de ses ouvrages ultérieurs, *I Medici* en 1893 ou *la Bohème* (en 1897, un an après celle de Puccini). Mais pour l'histoire de la musique, il reste l'auteur d'*I Pagliacci*, chef-d'œuvre du vérisme – et chef-d'œuvre tout court, tant la musique y est riche, superbement expressive, sans aucun effet facile, et tant le livret (du compositeur) est un des meilleurs de tout le théâtre lyrique.

Il faut encore citer, parmi ces héritiers de Verdi, Umberto Giordano (1867-1948) pour *André Chénier* en 1896, au style flamboyant apparenté aux principes de ce vérisme dont il ne se réclamait pas, et qui contient entre autres un bouleversant air pour soprano, « La mamma morta », et pour *Fedora* en 1898 (avec le fameux air de ténor « Amor ti vieta »). On ajoutera encore à la liste des héritiers le nom de Francesco Cilea (1866-1950) qui, aussi bien avec *l'Arlésienne* (1897) qu'avec son chef-d'œuvre, *Adrienne Lecouvreur* (1902), a su composer une musique qui se démarque du vérisme par un charme auquel sont sensibles les plus grandes tragédiennes lyriques, en particulier Magda Olivero qui interprète régulièrement le rôle de la fameuse actrice de 1939 à 1972. Mais 1902, c'était déjà le XXe siècle.

Mefistofele.
Samuel Ramey (Mefistofele). Mise en scène Robert Carsen Grand Théâtre de Genève, 1988.
Photo © M. Vanappelghem.

Al gran sole carico d'amore
de Luigi Nono.
Mise en scène Jorge Lavelli.
Opéra national de Lyon, 1982.
Photo © G. Amsellem.

LE XXᵉ SIÈCLE

L'opéra en Italie n'a pas disparu avec Verdi et Puccini, pas même avec Leoncavallo ou Mascagni. Quelques noms vont s'imposer durant le XXᵉ siècle, tentant de donner un prolongement contemporain à l'histoire de l'art lyrique dans le pays où il est né. Mais ils vont prendre des chemins différents, subissant des influences multiples et contradictoires.

Ainsi, dans la continuation du naturalisme et du post-romantisme apparaît un Franco Alfano (1876-1954), connu pour être celui qui, à la demande de Toscanini, achève la *Turandot* de Puccini après la mort de celui-ci. Mais Alfano a lui-même composé plusieurs opéras dont les plus remarqués sont *Résurrection* (d'après Tolstoï) en 1904, *l'Ombre de Don Giovanni* en 1914 ou *Cyrano de Bergerac* en 1936. Dans la même tradition musicale se situe Riccardo Zandonai (1883-1944), l'auteur du *Grillon du foyer* (d'après Dickens) en 1908, de *Conchita* (d'après Pierre Louÿs) en 1911 et surtout de *Francesca da Rimini,* sur un texte de D'Annunzio en 1914, un opéra qui consacre un renouvellement de l'opéra italien, dépassant le vérisme pour n'en conserver qu'un lyrisme tendu lié à un orchestre d'inspiration ravelienne. Si Ottorino Respighi (1879-1936) est surtout connu pour ses poèmes symphoniques, il n'en est pas moins l'auteur de quelques opéras dont *Belfagor* (créé à la Scala de Milan par Mariano Stabile en 1923), et surtout *La fiamma*, créé à Rome en 1934, où sa science d'orchestrateur s'allie à un lyrisme passionné pour donner à cette histoire fantastique une rayonnante incarnation.

C'est plutôt l'affirmation d'un néoclassicisme qui réunit ceux qu'on a appelés « la triade des années 1980 ». Le premier de ces trois compositeurs, Ildebrando Pizzetti (1880-1968), a su rencontrer plusieurs fois les faveurs du public, avec *Fedra* d'abord, en 1915, sur un poème de D'Annunzio, puis avec *La figlia di Jorio*, en 1954, encore sur un texte de D'Annunzio, et surtout avec son chef-d'œuvre, *Meurtre dans la cathédrale*, en 1958, d'après la célèbre pièce de T. S. Eliot, à laquelle Pizzetti donne une grandeur tragique par la puissance expressive de l'écriture du rôle de Thomas Becket et par l'importance dramatique donnée aux chœurs. Le deuxième composant de la triade est Gian Francesco Malipiero (1882-1973), très largement connu pour son édition de l'œuvre de Monteverdi, mais aussi compositeur de quelque trente opéras, dont, en 1926, un triptyque d'ouvrages en un acte, sur des livrets qu'il écrit lui-même, *L'Orfeide*, ou, en 1934 *La favola del figlio cambiato*. Alfredo Casella (1883-1947), le troisième de cette triade néoclassique, étudie à Paris avec Gabriel Fauré et compose seulement trois opéras, dont en particulier *La Donna serpente*, d'après Carlo Gozzi, en 1932.

DE NONO À BERIO

Le troisième groupe des compositeurs lyriques italiens du XXe siècle, situé dans la filiation de la révolution schoenbergienne, a pour chef de file Luigi Dallapiccola (1904-1975). Sachant ingénieusement mettre les exigences de la technique sérielle au service d'un lyrisme naturel, il s'impose principalement avec *Vol de nuit* (1940, d'après Saint-Exupéry) et *le Prisonnier* (1950), parabole sur la lutte contre le nazisme. À la suite de Dallapiccola s'inscrit Luigi Nono (1924-1990), dont le langage mêle un postsérialisme librement assimilé à un riche emploi de l'électroacoustique. Son ouvrage majeur, *Intolleranza*, créé en 1961, possède une force dramatique peu commune. Mêlant des projections, des textes déclamés ou criés (poèmes, slogans politiques, etc.), des musiques variées, interprétées par des solistes utilisant diverses formes de l'interprétation vocale, un chœur, un grand orchestre, des séquences préenregistrées, des sons électroniques, *Intolleranza* est un vibrant opéra militant. En 1975, *Al gran sole carico d'amore* (Au grand soleil d'amour chargé – c'est un vers de Rimbaud) poursuit ce geste à la fois politique (la Commune de Paris et la figure de l'anarchiste Louise Michel sont au cœur de la première partie et les luttes révolutionnaires internationales constituent la matière de la seconde) et musico-théâtral, avec une puissance de suggestion exceptionnelle, à laquelle Jorge Lavelli saura trouver une formidable traduction scénique quand il montera l'œuvre en 1982 à Lyon, dans une usine désaffectée. Luciano Berio (né en 1925) a su lui aussi s'émanciper du strict sérialisme pour créer un langage lyrique qui donne à la voix toute sa place et retrouve la richesse et la vitalité de la composition lyrique, à travers des sujets très modernes, d'*Opéra* sur un livret d'Umberto Eco (1970), mêlant le mythe d'Orphée, le naufrage du *Titanic* et la vie dans un asile d'aliénés, à *La vera storia* (1982) ou *Un re in ascolto*, sur des livrets d'Italo Calvino.

En marge, le XXe siècle italien connaîtra quelques autres compositeurs lyriques, d'Arrigo Pedrollo à Mario Castelnuovo-Tedesco ou de Ferruccio Busoni à Goffredo Petrassi. On pourrait encore y ajouter Nino Rota, élève de Pizzetti et de Casella, dont la carrière de musicien de film, pour Visconti et surtout pour Fellini, fait parfois oublier qu'il a composé plusieurs opéras, dont un petit chef-d'œuvre créé en 1955, *le Chapeau de paille d'Italie*, d'après la comédie de Labiche.

Le Prisonnier de Luigi Dallapiccola. Mise en scène Bernard Sobel. Théâtre du Châtelet, 1992.
Photo © C. Masson / Enguerand.

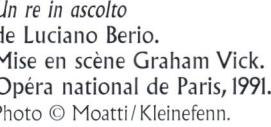

Un re in ascolto de Luciano Berio. Mise en scène Graham Vick. Opéra national de Paris, 1991.
Photo © Moatti / Kleinefenn.

L'OPÉRA ALLEMAND

Les XVIIe et XVIIIe siècles ne voient guère s'affirmer en Allemagne un art lyrique spécifique, qui choisirait la langue allemande et la pensée allemande comme support de son expression. Le style italien triomphe partout, et si Mozart compose quelques-uns de ses ouvrages en allemand (*l'Enlèvement au sérail*, *la Flûte enchantée*), le style du premier demeure marqué par l'écriture italienne et le second est un ouvrage un peu marginal. Beethoven, avec son unique opéra, *Fidelio*, s'avère donc l'initiateur de l'opéra allemand, plongé d'emblée dans le grand souffle romantique. Carl Maria von Weber en développe l'esprit, avec le *Freischütz*, en particulier. Mais c'est bien évidemment Wagner qui va imprimer au XIXe siècle sa marque et le plus profondément révolutionner l'art lyrique, commençant par les exaltations romantiques de *Lohengrin* ou de *Tannhäuser* pour culminer dans l'immense tétralogie de *l'Anneau du Nibelung* : l'opéra ne sera plus après Wagner ce qu'il était avant. Au tournant du siècle, Richard Strauss passera des hurlements d'*Elektra* aux subtilités baroques du *Chevalier à la rose*, prolongeant et Wagner et Mozart. Mais ce sont les Viennois Schoenberg et Berg qui apporteront une nouvelle révolution, dont *Lulu* constitue sans doute l'apothéose.

Staatsoper de Dresde.
Photo © Moatti/Kleinefenn. Sipa Press.

LUDWIG VAN BEETHOVEN
1770 - 1827

REPÈRES
1805-1814 *Fidelio*

Ludwig van Beethoven.
Huile sur toile
de Joseph Willibrod Mähler.
Historisches Museum
der Stadt Wien.
Coll. particulière.

Fidelio, acte II.
Maria Garcia Malibran.
Lithographie
de Josef Sonnleithner. Paris,
Bibliothèque-musée de l'Opéra.
Photo © M. Didier. Archives Larbor.

Si la vie de Beethoven a parfois été considérée comme une épopée lyrique, il n'a pourtant composé qu'un seul opéra. Encore la naissance de celui-ci s'est-elle faite dans la difficulté : « Cet opéra me vaudra la couronne du martyre », disait-il. Sans doute l'opéra ne lui apparaît-il pas d'abord comme le langage le plus propre à transmettre son message, à la différence de la symphonie, du piano ou de la musique de chambre. En fait, c'est Schikaneder, le librettiste de *la Flûte enchantée* de Mozart, qui décide Beethoven en lui commandant un opéra pour son Theater an der Wien, même si l'œuvre sera achevée pour le baron von Braun, devenu entre-temps directeur du théâtre.

Quant au livret original de Jean Nicolas Bouilly, inspiré par un fait réel survenu durant la Terreur, il n'a pas été écrit pour Beethoven mais pour Pierre Gaveaux, ténor et compositeur français né à Béziers, qui eut son heure de gloire en 1798 dans *Léonore ou l'Amour conjugal* en interprétant lui-même le rôle de Florestan. Ce même livret servira d'ailleurs ensuite à Ferdinando Paer pour sa *Leonora* en 1804, puis à Simone Mayr, le professeur de Donizetti, qui en tirera un troisième opéra, *L'amore coniugale*, créé en 1805.

346 PAGES

Pourtant, la pureté et l'idéalisme du sujet (l'histoire d'une femme qui, pour sauver son mari, se déguise en homme, parvient à se faire engager à la prison où se trouve celui-ci et réussit à empêcher son assassinat et à le faire libérer) attirent Beethoven, qui se lance donc dans l'écriture de son opéra après que Joseph Sonnleithner, un de ses amis, a traduit le livret en allemand. Ce ne sont alors pas moins de 346 pages d'esquisses que va noircir Beethoven, dont 16 ébauches pour le seul début du premier air de Florestan ! Finalement, l'opéra achevé (sous le titre de *Léonore ou l'Amour conjugal*), Beethoven entreprend d'en composer l'ouverture, dans un style de libre improvisation. Mais, insatisfait, il compose une deuxième ouverture, très belle, jouée à la création, le 20 novembre 1805. C'est un échec. L'opéra est rejoué les deux jours suivants, sans plus de succès. L'atmosphère, il faut le reconnaître, est pesante : les Français occupent Vienne que l'Empereur d'Autriche et sa cour ont abandonnée. Cependant, les amis de Beethoven en conviennent, l'œuvre n'est pas sans défaut.

Pour y remédier, un de ses amis, Stephen von Breuning entreprend de ramener les trois actes à deux ; Beethoven modifie

Fidelio, scène finale.
Mise en scène
Johannes Schaaf.
Grand Théâtre de Genève,
1989.
Photo © M. Vanappelghem.

la partition, compose une nouvelle ouverture, la troisième, et l'opéra, dans sa deuxième version, est présenté le 29 mars 1806, avec cette fois un bien meilleur accueil. Hélas ! une querelle avec von Braun, le directeur du Theater an der Wien, amène Beethoven à retirer son œuvre.

QUATRE OUVERTURES

Il faudra attendre sept ans pour que les amis du compositeur parviennent à réconcilier les deux hommes. Von Braun propose alors de refondre le texte en faisant appel à un nouveau librettiste, Georg Friedrich Treitschke. Par chance, Beethoven se montre très satisfait de cette révision... et décide alors de reprendre lui aussi sa partition. La date de création de cette nouvelle version, rebaptisée *Fidelio ou l'Amour conjugal*, est fixée au 23 mai 1814. Et Beethoven décide de composer une nouvelle ouverture pour ce *Fidelio*, la quatrième... Mais comme elle n'est pas prête à temps, on joue donc, ce soir du 23 mai 1814, l'ouverture des *Ruines d'Athènes*, musique de scène que Beethoven avait écrite quelque temps auparavant.

Depuis, les chefs d'orchestre ont pris l'habitude de jouer la troisième version de l'ouverture, dite *Léonore III*, au début de la seconde partie de l'acte II. Il est vrai que c'est une page symphonique superbe, puissamment architecturée, avec des développements thématiques et un dynamisme typiquement beethovénien. Cette pratique reste pourtant contestable, puisque absolument pas prévue par Beethoven.

Toujours est-il que *Fidelio* est aujourd'hui unanimement considéré comme une des œuvres majeures du répertoire lyrique. Constituant un trait d'union entre *la Flûte enchantée* de Mozart et le *Freischütz* de Weber, il ouvre la tradition de l'opéra romantique allemand en se dotant d'un langage musical inédit.

Le récit symphonico-dramatique que constitue le formidable monologue de Florestan, au début de l'acte II, avec son introduction orchestrale puissante et colorée, est un exemple de cette manière qu'a Beethoven de forcer les formes du discours pour lui faire exprimer dans toute son intensité la profondeur de son message. Et le tissu orchestral, dans cet exemple comme tout au long de l'œuvre, dépasse à la fois par ses raffinements sonores et ses « climats » instrumentaux (en particulier dans l'utilisation des vents) le simple rôle d'accompagnement des voix pour prendre une place essentielle dans la dramaturgie lyrique. Enfin l'expressivité de la phrase vocale trouve un accomplissement saisissant dans nombre de pages d'un lyrisme poignant, du chœur des prisonniers (« O welche Lust ») au bouleversant air de Léonore de l'acte I (« Abscheulicher ! ») ou encore à la conclusion de l'œuvre, où chœur et orchestre embrasés font pressentir la *IXe Symphonie*.

Carl Maria von Weber
1786-1826

REPÈRES	
1811	*Abu Hassan*
1821	*Der Freischütz (le Franc-tireur)*
1823	*Euryanthe*
1826	*Oberon*

Carl Maria von Weber.
Portrait de
Sir Thomas Lawrence.
Bayonne, musée Bonnat.
Photo © Studio Etienne.
Archives Larbor.

Obéron, acte II, scène 2.
Opéra de Munich, 1835.
Musée du théâtre.
Photo © K. Broszat. Archives Larbor.

Cousin germain de Mozart par alliance, Carl Maria von Weber est né dans le milieu de la musique et du spectacle. Son père, violoniste et contrebassiste, devenu directeur d'une compagnie dramatique, conduisait sa famille de ville en ville au hasard des tournées. Le jeune Carl Maria grandit donc dans les coulisses des théâtres, recevant une éducation fragmentaire auprès de différents maîtres, de Michaël Haydn à Salzbourg à l'abbé Vogler à Vienne en passant par l'organiste de la cour à Munich. C'est sans doute cette atmosphère qui l'amena très jeune à s'essayer à la composition lyrique : à douze ans, il écrit un premier Singspiel, *la Force de l'amour et du vin* ; l'année suivante il récidive avec *la Fille de la forêt*, créée à Freiberg en 1800. *Peter Schmoll et ses voisins*, créé à Augsbourg en 1803, confirme son intérêt pour les sujets romantiques.

Et en 1804, alors qu'il n'a pas dix-huit ans, il est nommé directeur musical à Breslau (actuelle Wroclaw, en Pologne). Mais inexpérimenté, maladroit et peu crédible, il suscite des oppositions qui le poussent à démissionner au bout de deux ans. Pourtant ces deux années n'auront pas été inutiles : il y approfondit de l'intérieur sa connaissance du théâtre, il y découvre son talent de chef d'orchestre tout en perfectionnant celui de pianiste et il y entreprend la composition d'un nouvel opéra, *Rübezahl*, qu'il n'achèvera pas.

En 1810, il écrit *Silvana*, l'histoire d'une fille des bois muette, qui remporte un certain succès lors de sa création à Francfort. En 1811 il s'affirme avec *Abu Hassan*, une délicieuse turquerie dans la lignée de *l'Enlèvement au sérail* de Mozart, montrant à la fois un don dans le domaine de l'opéra-bouffe et une maîtrise des styles d'écriture, tant instrumentale que vocale.

Deux ans plus tard, en 1813, il est directeur de l'Opéra de Prague, où il entreprend de réformer la pratique du théâtre lyrique pour lui donner une organisation moderne. Il a des idées sur tous les aspects de la vie du théâtre, des questions scéniques à celles concernant l'orchestre, les chanteurs, les répétitions, la présentation même des ouvrages pour lesquels il rédige personnellement des notices. Il ne trouve alors plus guère le temps de composer (même s'il envisage un *Tannhäuser* sur un livret de Clemens Brentano).

Le *Freischütz*

Quittant Prague en 1816, il est aussitôt nommé directeur de l'Opéra de Dresde, où il entreprend, en les développant, les mêmes réformes que celles mises en œuvre à Prague. Il organise la programmation de manière à sensibiliser les esprits à l'avènement d'un opéra romantique allemand, auquel il contribue

Der Freischütz.
Mise en scène Achim Freyer.
Grand Théâtre
de Genève, 1988.
Photo © H. Binet.

lui-même avec le *Freischütz*, dont la création à Berlin en 1821 est d'ailleurs un des plus grands triomphes que connut jamais un musicien. Réalisant l'équilibre idéal entre l'expression lyrique et l'action dramatique, l'œuvre, qui raconte l'histoire d'un chasseur pactisant avec le Diable pour remporter un concours de tir (dont le prix est la main de celle qu'il aime), s'impose par une force poétique de suggestion complètement neuve à l'opéra. La saveur populaire des chœurs, de celui des demoiselles d'honneur à celui, si fameux, des chasseurs, la richesse et l'élégance mélodique des airs (dont celui d'Agathe au début de l'acte II, « Leise, leise », d'une simplicité expressive incomparable), le rôle primordial de la couleur orchestrale, et surtout la force terrifiante de la scène de la Gorge-aux-Loups, sans doute une des plus impressionnantes de tout le théâtre lyrique, tout dans le *Freischütz* parvient à être neuf en conservant une puissance directe qui en fait un grand opéra populaire en même temps que le premier et peut-être le plus grand chef-d'œuvre d'un style nouveau, celui de l'opéra romantique allemand.

Sur la lancée de ce succès, le Kärntherthor Theater de Vienne lui commande un nouvel opéra : ce sera *Euryanthe*, créé en 1823 avec une des grandes divas de l'époque, Henriette Sontag. Préfigurant le *Lohengrin* de Wagner (ne serait-ce que par l'opposition de deux couples, l'un positif et vertueux, l'autre négatif et démoniaque), *Euryanthe* montre aussi la maîtrise de Weber dans l'écriture orchestrale, proche à la fois de la transparence mozartienne et de la puissance d'un Berlioz.

Le dernier opéra de Weber, *Obéron*, résultat d'une commande de l'Opéra de Londres, dépasse en raffinement et en caractérisation dramatique ses ouvrages précédents. Son écriture crée même les éléments d'un nouveau langage pour une musique de féerie, de la magnifique ouverture et son bel appel de cor, aux chœurs qui serviront de modèle à Mendelssohn pour *le Songe d'une nuit d'été*. Pourtant *Obéron*, écrit pour les Anglais, reste une œuvre qui ne correspond pas entièrement au souhait de Weber ; il désirait d'ailleurs la récrire, sans doute pour la rendre plus allemande.
La tuberculose ne lui en a pas laissé le temps.

REPÈRES

1836	*Das Liebesverbot* (la Défense d'aimer)
1842	*Rienzi*
1843	*Der fliegende Holländer* (le Vaisseau fantôme)
1845	*Tannhäuser*
1850	*Lohengrin*
1865	*Tristan und Isolde* (Tristan et Isolde)
1868	*Die Meistersinger von Nürnberg* (les Maîtres chanteurs de Nuremberg)
1869	*Das Rheingold* (l'Or du Rhin)
1870	*Die Walküre* (la Walkyrie)
1876	*Der Ring des Nibelungen* (l'Anneau du Nibelung) : l'Or du Rhin; la Walkyrie; Siegfried; *Die Götterdämmerung* (le Crépuscule des dieux)
1882	*Parsifal*

Richard Wagner.
D.R.

RICHARD WAGNER
1813 - 1883

Compositeur majeur de l'histoire de l'opéra, Wagner est en même temps celui qui a déchaîné les plus extrêmes passions, suscitant louanges immodérées ou absolue détestation.

Né dans une famille éprise d'art théâtral, il est orphelin de père à six mois, fait de bonnes études générales, prend des leçons de piano, mais sa vocation musicale ne s'éveille vraiment qu'avec la découverte de Beethoven. Étudiant en musique à l'université de Leipzig, il compose ses premières œuvres, une symphonie et l'ébauche d'un opéra, *les Noces*. Nommé en 1833, à vingt ans, chef des chœurs à Wurtzbourg, il va y faire la connaissance du monde de l'art lyrique de l'intérieur, se faisant à l'occasion souffleur, répétiteur, régisseur, assimilant ainsi l'art des Bellini, Auber, Spontini ou Rossini dont il dirige les chœurs. C'est à cette époque qu'il compose *les Fées*, opéra inspiré par Weber et qui ne sera créé qu'après sa mort. Nommé chef d'orchestre à Magdebourg en 1834, il y fait donner avec succès en 1836 sa *Défense d'aimer*.

Après Magdebourg, il est nommé à Königsberg, où il épouse l'actrice Minna Planer, puis à Riga, où il va composer la plus grande partie d'un nouvel opéra, *Rienzi*. Ses incessantes pérégrinations à travers l'Europe le mènent ensuite à Londres puis à Paris, où il ne parvient pas à se faire jouer, mais où il compose *le Vaisseau fantôme*.

S'il se situe encore dans la filiation de Weber, *le Vaisseau fantôme* rompt avec l'esprit et avec les formes de l'opéra au profit du « drame lyrique ». Les grandes scènes pour solistes ne sont pas écartées, mais inscrites dans la continuité dramatique. Toute la partition est d'ailleurs entièrement soumise au drame, sans autre exigence formelle qui lui serait extérieure, ce qui n'exclut en rien la beauté vocale requise pour chacun des rôles, et même le rayonnement imposé par celui de Senta, la jeune femme rêveuse qui voit apparaître devant elle le héros de ses fantasmes. Dès ce premier chef-d'œuvre, les thèmes de l'errance et de la rédemption par l'amour, les « visions sonores » proposées par l'orchestre, la dimension tragique de personnages incarnant des passions surhumaines, tout ce qui constituera la matière du romantisme wagnérien est en place.

LE DRAME ET LA RÉDEMPTION

Avec *Tannhäuser*, en 1845, Wagner approfondit ce style nouveau, définissant un schéma dramatique qui se retrouvera dans ses œuvres ultérieures : un héros affirmant sa singularité est confronté à une société qui, interpellée, se crispe sur une position réactionnaire ; un personnage « rédempteur » permet alors, par son intervention, que l'ordre des choses soit rétabli, avec une nouvelle dimension.

Le Vaisseau fantôme.
Aquarelle de Michael Echter.
Musée de Munich.
Photo © K. Broszat. Archives Larbor.

Musicalement, le foisonnement de *Tannhäuser* offre des scènes spectaculaires, des déploiements de chœur saisissants et fait apparaître, avec le rôle de Tannhäuser, un ténor de type nouveau, qu'on appellera bientôt « Heldentenor » c'est-à-dire « fort ténor ».

En 1850, Liszt crée *Lohengrin* à Weimar. Œuvre romantique au plus haut niveau, dont la métaphore évidente est celle du rôle de l'artiste inspiré (incarné par Lohengrin), face au pouvoir temporel (personnifié par le Roi), et qui, par sa vision supérieure, peut résoudre la crise d'une communauté, *Lohengrin* est aussi le dernier palier avant les œuvres plus complètement révolutionnaires. C'est aussi un nouveau pas dans le processus de recherche d'une « mélodie infinie », en même temps que le système des leitmotive s'y déploie et s'y affine.

Il faut rappeler que le leitmotiv, bref motif musical lié à un personnage, une idée ou un sentiment et permettant de baliser l'œuvre ou de superposer une signification musicale à un développement chanté, a existé avant Wagner, mais c'est lui qui en a systématisé l'utilisation.

LOUIS II DE BAVIÈRE

Le *Ring* (c'est-à-dire *l'Anneau du Nibelung*) va pousser au plus haut degré de réalisation toutes ces révolutions formelles qu'il a esquissées jusque là. Il s'attelle à l'écriture du poème (puisqu'il a toujours rédigé lui-même les livrets de ses opéras) dès 1848 et l'achève en 1852. Mais la composition de ce triptyque précédé d'un Prologue (ce qui en fera une « tétralogie ») s'étendra jusqu'en 1874.

Car il va s'interrompre à partir de 1857 pour rédiger le poème et la musique de *Tristan*

Tristan et Isolde.
Birgit Nilsson (Isolde),
Karl Liebl (Tristan).
Mise en scène
William Wymehal.
Lyric Opera de Chicago, 1958.
D.R.

et Isolde. Quelques événements vont encore marquer Wagner à cette époque : la désagrégation de son couple avec Minna, à Paris, la création de son *Tannhäuser*, qui suscite un scandale retentissant mais aussi l'admiration de Gounod, Saint-Saëns, Rossini, Théophile Gautier ou Baudelaire (auteur d'un article d'une intelligence rare sur l'innovation wagnérienne). Et puis deux rencontres essentielles, celle de Louis II de Bavière qui, à peine monté sur le trône, en 1864, lui offre son aide (Wagner saura en user !), et celle de Cosima, la fille de son ami Liszt et la femme du chef d'orchestre Hans von Bülow, qui a beaucoup fait pour populariser l'œuvre du compositeur. Wagner, qui ne s'est jamais embarrassé de principes, entame une liaison avec Cosima, laquelle finira par rompre son mariage pour venir vivre avec le Maître. En 1865 – l'année précisément de la création de *Tristan et Isolde* à Munich –, elle lui donnera son premier enfant, Isolde.

Avec *Tristan*, Wagner approfondit encore son langage musical, noyant toute l'œuvre dans une continuité constituée d'une marqueterie de leitmotive se fondant les uns dans les autres, provoquant un envoûtement sonore. En fait, le thème du philtre qui est au cœur de l'œuvre, ce philtre qui donne à Isolde l'amour de Tristan, réagit sur l'auditeur lui-même, par une

Tannhäuser.
Mise en scène Istvan Szabo,
décors Victor Vasarely.
Opéra national de Paris, 1984.
Photo © J. Moatti.

Les Maîtres chanteurs de Nuremberg.
Mise en scène
Herbert Wernicke.
Opéra national de Paris, 1989.
Photo © J. Moatti.

Siegfried, acte I.
Mise en scène Patrice Chéreau.
Festival de Bayreuth, 1976.
D.R. Coll. particulière.

lui rend visite et devient un moment son ami. C'est là que Cosima le rejoint et s'installe définitivement avec lui. Après avoir divorcé de von Bülow, elle épousera Wagner (à qui elle avait déjà donné trois enfants) en 1870.

Les Maîtres chanteurs voient le jour en 1868. Sous-titrée « comédie lyrique », c'est une œuvre qui est à Wagner ce que *Falstaff* est à Verdi : aux antipodes de l'univers trouble de *Tristan*, c'est un opéra « réaliste » qui est en même temps une fable sur le rôle de l'artiste novateur face à l'académisme, le conflit trouvant sa résolution à la fois sous le signe de l'amour et de la sublimation poétique d'une âme collective, celle du peuple allemand.

sorte de contagion physique tant cette musique agit sur les sens. Médiocrement accueilli à sa création parce que trop novateur, *Tristan et Isolde* demeure aujourd'hui encore une œuvre unique, parfaitement inimitable.

La vie de Wagner continue d'être mouvementée. L'entourage de Louis II fait tout pour l'éloigner de l'artiste, au point que le musicien doit quitter Munich et se fixer à Tribschen, près de Lucerne, où il poursuit la composition du *Ring*. C'est là que Nietzsche

BAYREUTH ET LE *RING*

Les deux années suivantes voient les créations de *l'Or du Rhin* et de *la Walkyrie*, les deux premiers volets du *Ring*. Mais Wagner poursuit un rêve qui, grâce à l'aide décisive de Louis II, va devenir un projet : celui d'édifier un théâtre dédié spécialement à la représentation de ses œuvres, et conçu de manière totalement neuve. Le site de Bayreuth ayant été choisi, Cosima et Richard s'y installent en 1871, pour surveiller l'avancement des travaux et, en 1876, le Festspielhaus de Bayreuth s'ouvre par

La Walkyrie, acte III.
Mise en scène Patrice Chéreau.
Festival de Bayreuth, 1977.
Photo © J.-M. Bottequin.
Coll. André Tubeuf.

la première exécution complète du *Ring*, c'est-à-dire *l'Or du Rhin, la Walkyrie, Siegfried* et *le Crépuscule des dieux*. À la première, on reconnaît dans l'assistance Liszt, Grieg, Bruckner, Mahler, Tchaïkovski, Saint-Saëns, Nietzsche, Tolstoï, l'empereur Guillaume Ier et, bien sûr, Louis II de Bavière... Wagner voit là couronner sa conception du théâtre lyrique comme lieu de communication intellectuelle et spirituelle. En effet l'édification du théâtre de Bayreuth est indissociable du projet gigantesque que représente la composition du *Ring* : redonner aux Allemands la conscience de leurs racines en leur offrant un lieu de célébration d'une œuvre symbolisant ce mouvement de reconquête d'une identité philosophique, reconquête placée sous la conduite des chefs politiques et des artistes inspirés.

Comment résumer le *Ring* ? Seize heures de musique, près de deux cents leitmotive s'interpénétrant à travers ces quatre pièces, des dizaines de personnages, un temps incommensurable (puisque l'humanité n'existe pas dans *l'Or du Rhin* et n'apparaît que dans *la Walkyrie*), une cosmogonie complète brassant des symboles de cultures multiples (scandinaves et germaniques), avec les convictions philosophiques, politiques, sociales d'un créateur de génie qui prétend à travers ce monument annoncer des temps nouveaux. Exaltant, de façon nietzschéenne, la mort des dieux et la liberté de l'homme, dans un vaste déploiement sonore où l'exigence vocale impose des formats inédits, capables de se fondre (sans disparaître) à un orchestre de plus de cent musiciens qui joue un rôle de commentateur, d'anticipateur, d'éclaireur de signification, un peu à la manière du chœur antique grec, le *Ring* est une entreprise unique dans toute l'histoire de l'art lyrique.

Wagner a vu avec le *Ring* l'aboutissement de ses projets et de ses ambitions. Il se lance pourtant dès 1877 dans l'écriture d'un ultime opéra, *Parsifal*. Est-ce encore un opéra, d'ailleurs ? Wagner le sous-titre « action scénique sacrée » et le destine à des représentations solennelles devant se dérouler exclusivement à Bayreuth. Créée en 1882, l'œuvre constitue une sorte de messe de la religion wagnérienne. Le Maître a d'ailleurs expressément interdit qu'on applaudisse à l'issue du premier acte ! Les symboles y abondent (le vase, le sang, la lance, la blessure, le baiser), la métaphysique chrétienne (la faute, la grâce, le paradis, l'expiation par la souffrance, le Vendredi saint) y croise des symboliques plus païennes où la sexualité, la morbidité jouent des rôles contradictoires. Quant à la musique, aussi bien symphonique que chorale, elle atteint des sommets expressifs et novateurs qui font de *Parsifal* une apothéose et une limite.

Quel autre horizon pour Wagner alors sinon la mort ? Elle le saisit à Venise le 13 février 1883.

REPÈRES

- 1894 : *Guntram*
- 1900 : *Feuersnot* (le Feu de la Saint-Jean)
- 1905 *Salomé*
- 1909 *Elektra*
- 1911 *Der Rosenkavalier* (le Chevalier à la rose)
- 1916 *Ariadne auf Naxos* (Ariane à Naxos)
- 1919 *Die Frau ohne Schatten* (la Femme sans ombre)
- 1924 *Intermezzo*
- 1928 *Die ägyptische Helena* (Hélène d'Égypte)
- 1933 *Arabella*
- 1935 *Die schweigsame Frau* (la Femme silencieuse)
- 1938 *Friedenstag* (Jour de paix) *Daphné*
- 1940 *Die Liebe der Danae* (l'Amour de Danaé)
- 1942 *Capriccio*

Richard Strauss.
D.R.

Ernst von Schuch dirigeant *le Chevalier à la rose* lors de la création à Dresde, 1911.
Illustration d'après le tableau de Robert Sterl.
Musée de Görtitz.
Photo © M. Didier, Archives Larbor.

RICHARD STRAUSS
1864 - 1949

Le père de Richard Strauss, corniste à l'Orchestre de la cour de Munich, passe pour avoir suggéré à Wagner une modification de l'appel de cor de Siegfried pour rendre ce thème plus facilement exécutable : la filiation s'annonçait de manière évidente. Le jeune Richard entreprend donc des études musicales, dans la tradition de Mendelssohn et de Brahms, mais découvre aussi avec passion Wagner en lisant les partitions de *Tristan* et du *Ring*. Il se fait d'abord connaître comme chef d'orchestre et comme compositeur de poèmes symphoniques et ce n'est qu'à trente ans, en 1894, qu'il donne son premier opéra, *Guntram*. Mais l'influence wagnérienne y est si marquée qu'elle en devient presque caricaturale et provoque l'échec de l'œuvre. Six ans plus tard, *Feuersnot* montre toujours l'allégeance de Strauss à Wagner mais l'opéra, créé à Dresde en 1900, est mieux accueilli.

Le vrai Richard Strauss va s'affirmer en 1905 avec *Salomé*, saluée à la fois par un triomphe et par un scandale retentissant lors de la création à Dresde. Il est vrai que l'œuvre, volcanique, cruelle, sensuelle à l'extrême, est de nature à choquer une société peu accoutumée à voir les passions s'exprimer ainsi à vif sur une scène d'opéra : on y voit en effet Salomé exiger, après avoir dansé pour Hérode l'impudique « danse des sept voiles », que celui-ci lui livre sur un plateau la tête du prophète Jochanaan. La leçon wagnérienne cette fois parfaitement intégrée, Strauss déploie les sortilèges d'une orchestration qui peut passer du raffinement le plus subtil dans l'expression de la sensualité décadente, au fracas cataclysmique d'un déchaînement sonore chargé de créer un choc physique sur l'auditeur.

LE CHEVALIER À LA ROSE

Elektra, quatre ans plus tard, poursuit et amplifie cette expression de la violence, de l'hystérie même à l'opéra. Première collaboration avec Hugo von Hofmannsthal, c'est une des plus grandes réussites de Strauss. La force primitive du mythe, issue de la tragédie de Sophocle, éclairée par une musique barbare mais en même temps d'une écriture raffinée jusque dans sa sauvagerie, conduit l'art lyrique à ses propres limites, tant sonores (Strauss déclare lui-même être allé « aussi loin que pouvaient le supporter les oreilles humaines ») qu'expressives (avec la scène finale où Elektra, ivre de joie meurtrière, danse éperdument jusqu'à la folie, jusqu'à la mort).

Après ces deux chefs-d'œuvre noirs, Strauss veut, selon ses propres termes, « écrire un opéra de Mozart » : ce sera, en 1911, *le Chevalier à la rose*, sur un texte fin et précieux de Hugo von Hofmannsthal. Subtil entrelacs

Salomé.
Catherine Malfitano.
Mise en scène Luc Bondy. Paris,
Théâtre du Châtelet, 1997.
Photo © M.N. Robert.

des diverses faces du sentiment amoureux, infinie variété des nuances aussi bien orchestrales que vocales, à la fois comédie légère et ambiguë, tendre et douloureuse expression de la mélancolie, peinture délicate d'une atmosphère, celle de la Vienne de Marie-Thérèse, *le Chevalier à la rose* est la plus haute expression de l'art de Richard Strauss. Qu'il s'agisse du monologue de la Maréchale à la fin de l'acte I (un des plus beaux portraits de femme de tout le théâtre lyrique), ou de ces sublimes moments d'effusion lyrique que constituent le trio et le duo final, c'est toute l'interrogation sur la nature humaine et la fragilité du bonheur qui s'exhale de cet opéra baigné de nostalgie.

Ariane à Naxos, nouveau fruit de la collaboration avec Hofmannsthal, offre à Strauss le prétexte à une musique d'une élégance, d'une inspiration constamment renouvelées, mais, hormis le touchant et emblématique personnage du Compositeur et celui, très mozartien, d'Ariane, l'œuvre provoque plus souvent l'admiration que l'émotion.

Vont se succéder ensuite de nombreux opéras qui offriront des plaisirs nombreux et variés, des magies orchestrales et de la somptuosité mélodique, de *la Femme sans ombre* à *Hélène d'Égypte* ou à *la Femme silencieuse* en passant par *Arabella*, une comédie lyrique qui tente de renouer avec la veine du *Chevalier* (le livret en est d'ailleurs à nouveau de Hofmannsthal). Quelques autres œuvres semblent alors marquer un déclin jusqu'en 1942 où Strauss retrouve le meilleur de son inspiration à travers une œuvre assez étonnante, *Capriccio*, qu'on pourrait baptiser opéra « théorique ». À partir d'un argument assez mince, il pose la question fondamentale : qui prime à l'opéra, de la parole ou de la musique ? La « pièce en forme de conversation » (c'est son sous-titre), ne donne pas de réponse. Peut-être Strauss lui-même a-t-il montré dans cette œuvre, comme dans la plupart de ses opéras et comme il le fera encore en 1949, quelques mois avant de mourir, avec ses fameux *Quatre Derniers Lieder*, que la parfaite fusion du mot et de la mélodie interdit de conclure à la suprématie de l'un ou l'autre élément.

Le Chevalier à la rose.
Elisabeth Schwarzkopf.
(la Maréchale)
Opéra national de Paris, 1962.
Photo © R. Pic.

La Chauve-souris.
Mise en scène
Richard Foreman.
Opéra national de Paris, 1983.
Photo © J. Moatti.

LES MARGINAUX

Dans la filiation de Weber mais largement éclipsés par Wagner, une dizaine de compositeurs allemands méritent d'être mentionnés pour leur contribution à l'histoire de l'art lyrique, sans qu'ils constituent à proprement parler une école.

Ainsi Heinrich Marschner (1795-1861), dont un des ouvrages de jeunesse, *Henri IV et d'Aubigné* est créé par Weber, dont il est un des plus intéressants continuateurs. Parmi la dizaine d'opéras qu'il a composés, deux méritent l'attention : le premier est *le Vampire* qui, en 1828, s'inscrit dans l'esprit du romantisme de l'horreur tel que Weber l'a magnifié dans la scène de la Gorge-aux-Loups du *Freischütz*. La figure du héros maudit et ses relations avec une héroïne pure y anticipent *le Vaisseau fantôme* de Wagner. L'autre opéra important de Marschner, maillon essentiel dans le romantisme allemand préwagnérien, est *Hans Heiling* qui, en 1833, préfigure dans l'apparition de la Reine de la Montagne l'« Annonce de la mort » à l'acte II de *la Walkyrie*.

L'intérêt d'Albert Lortzing (1801-1851) est moindre dans ce XIXe siècle allemand. Pourtant, quelques-uns de ses opéras ont été très populaires à son époque, de *Tsar et Charpentier* en 1837 à *Hans Sachs* en 1840 (dont non seulement le sujet mais bien des aspects du traitement musical annoncent *les Maîtres chanteurs* de Wagner), ou encore *le Braconnier* en 1842, son plus grand succès (dont le titre allemand, *Der Wildschütz*, évoque un certain *Freischütz*) et *Undine* qui, en 1845, reprenant un sujet féerique cher aux romantiques, rappelle aussi l'opéra du même nom créé en 1816 par un précurseur du romantisme allemand, Ernst Theodor Amadeus Hoffmann (1776-1822), surtout connu comme écrivain et comme personnage des *Contes d'Hoffmann* d'Offenbach, mais qui a aussi composé plusieurs ouvrages musicaux, dont cette *Undine* que Weber devait saluer avec admiration.

À L'OMBRE DES MAÎTRES

Otto Nicolai (1810-1849) a eu une activité musicale très riche, en tant que chef d'orchestre en particulier (c'est lui qui, alors qu'il dirige l'Orchestre de la cour de Vienne, introduit pour la première fois l'Ouverture *Léonore III* dans l'exécution de l'acte II du *Fidelio* de Beethoven), mais aussi en tant que compositeur. Pourtant un seul de ses opéras continue d'avoir les faveurs du public depuis sa création en 1849, *les Joyeuses Commères de Windsor*. L'intrigue est, dans ses grandes lignes, la même que celle du *Falstaff* de Verdi et l'œuvre y est soulevée par une verve qui demeure tout aussi communicative aujourd'hui encore en Allemagne.

De Friedrich von Flotow (1812-1883), compositeur d'une quinzaine d'opéras, on ne retient que *Martha* dont la création triomphale à Vienne en 1847 s'est prolongée par une popularité constante en Allemagne, attachée à la grâce d'une écriture mélodique d'inspiration en fait plus française qu'allemande, mais dont le charme réel opère encore aujourd'hui.

En glissant vers un genre plus léger, on se doit de citer Franz von Suppé (1819-1895), auteur de nombreuses opérettes mais aussi d'un opéra, *Boccace* (1879), dans lequel il déploie avec une légèreté de touche cette élégance mélodique et cet esprit qui le caractérisent. Dans la même veine, Johann Strauss a représenté, et continue de représenter, l'essence de l'opérette viennoise : *la Chauve-souris* (1874) mais aussi *Une nuit à Venise* (1883) ou *le Baron tzigane* (1885) possèdent, au-delà du charme de la valse, une caractéristique qui, d'une certaine manière, a pu nourrir l'imaginaire lyrique allemand.

Avec Peter Cornelius (1824-1874), ami fidèle de Liszt et de Wagner, on retrouve des ambitions plus grandes, en particulier avec le seul opéra de lui qui se soit maintenu au répertoire, *le Barbier de Bagdad*, créé par Liszt en 1858. Il y montre une maturité d'écriture en même temps que l'intelligente adaptation de procédés empruntés à Berlioz, en particulier à son *Benvenuto Cellini*, tout en conservant une couleur et un charme très personnels.

HÄNSEL ET GRETEL

Karl Goldmark (1830-1915), compositeur austro-hongrois très apprécié dans les pays anglo-saxons, ne demeure pourtant que par la réussite de son premier opéra, *la Reine de Saba*, créé à Vienne en 1875, d'une belle richesse de couleurs et d'une heureuse veine mélodique, dont l'exemple est l'air du ténor, « Magische Töne », devenu un célèbre morceau de concert.

Engelbert Humperdinck (1854-1921), wagnérien patenté (il aida le Maître dans la préparation de la création de *Parsifal* à Bayreuth), a composé de nombreux opéras mais, comme Goldmark, c'est son premier ouvrage lyrique qui lui a assuré la célébrité. *Hänsel et Gretel*, créé par Richard Strauss en 1893, connaît dès sa création un énorme succès, non seulement du fait du livret tiré d'un conte de Grimm mais grâce à une inspiration mélodique évoquant la chanson populaire et grâce à une orchestration très élaborée. Aujourd'hui encore, dans les pays de langue allemande, on joue régulièrement *Hänsel et Gretel* au mois de décembre devant des publics d'enfants émerveillés et de parents nostalgiques.

Hugo Wolf (1860-1903) clôt le XIXe siècle allemand avec son unique opéra, *le Corregidor* en 1896, un ouvrage tiré de la nouvelle de Alarcón, *le Tricorne*, qui devait inspirer un ballet à de Falla. Quelques airs séduisants, un traitement des leitmotive qui évoquent parfois *les Maîtres chanteurs*, mais pas de vraie caractérisation dramatique : l'ouvrage n'est plus guère joué et Hugo Wolf est aujourd'hui plus connu pour ses nombreux et très beaux lieder.

Hänsel et Gretel.
Randi Stene, Ruth Ziesak.
Mise en scène Yannis Kokkos.
Théâtre du Châtelet, 1997.
Photo © C. Masson/Enguerand.

Moïse et Aaron.
Mise en scène
Herbert Wernicke.
Théâtre du Châtelet, 1995.
Photo © M.N. Robert.

L'ÉCOLE DE VIENNE

Peut-il y avoir un opéra atonal ?
Cette question est la conséquence logique et immédiate du bouleversement opéré au début du XXe siècle à Vienne par ces musiciens qui ont poussé à ses conséquences ultimes l'évolution du langage romantique que Wagner, avec *Tristan* en particulier, avait mené à une lente désagrégation tonale.

LE DODÉCAPHONISME

Pour autant, la suite n'allait pas de soi. Car l'abandon du langage tonal entraîne celui des formes musicales qu'il a fait naître. C'est pour pallier ce « trou » formel que Schoenberg (1874-1951) va mettre au point un nouveau système d'écriture, le système dodécaphonique, basé, comme son nom l'indique, sur l'utilisation d'une *série* de *douze* sons (d'où aussi sa dénomination de « système sériel »), entre lesquels n'existe plus le moindre rapport hiérarchique (tonique, dominante, etc.). Le problème qui se pose alors est celui de l'assimilation d'une phrase musicale par l'auditeur, privé du recours à la mémoire, seule propre à saisir la notion de développement basée sur la répétition et la symétrie formelle.

Finalement, les œuvres les plus marquantes issues de la révolution viennoise seront celles qui, se libérant d'un nouveau carcan formel, n'auront d'autre souci que de soutenir, par leur force musicale, l'expression dramatique.

Arnold Schoenberg, quand il compose son premier monodrame, *Erwartung* (*Attente*), en 1909, n'a pas encore fait sa révolution. Mettant en scène une femme qui, pénétrant dans une forêt, la nuit, à la recherche de son amant, découvre soudain son cadavre et sombre peu à peu dans la folie, l'ouvrage apparaît, par son dépouillement et son intensité, comme une des manifestations les plus marquantes de l'expressionnisme musical. Avec *Die glückliche Hand* (*la Main heureuse*), achevée en 1913 mais créée, comme *Erwartung*, en 1924, Schoenberg approfondit sa recherche lyrique, et, en 1930, avec *Von heute auf morgen* (*D'aujourd'hui à demain*), il applique pour la première fois les principes du dodécaphonisme à l'opéra : c'est une satire bouffe sur le modernisme, portée par un orchestre aux coloris très variés et où le traitement vocal montre une verve étonnante, si l'on veut bien accepter la convention d'une stricte écriture sérielle. *Moïse et Aaron* constitue son testament lyrique – testament inachevé puisque, après avoir rédigé le livret de l'acte III, il n'en composera pas la musique. C'est une œuvre grandiose, dont la dimension d'affrontement métaphysique entre la pensée pure (Moïse) et le besoin de matérialité et d'action (Aaron) s'incarne musicalement entre une basse qui ne s'exprime qu'en *Sprechgesang*, c'est-à-dire ne chante pas, tout en modulant le parlé de son rôle (Moïse) et un ténor lyrico-dramatique de grande puissance (Aaron). Une multitude de seconds rôles, un orchestre riche et multiforme, capable de virtuosité et de violence sonore, en particulier dans l'incroyable orgie de la « Danse du Veau d'or », des chœurs très importants qui participent aussi de cette atmosphère sauvage mais, à d'autres moments, se déploient en fresques : nul doute que, en dépit de la difficulté induite par son écriture dodécaphonique, *Moïse et Aaron* constitue, par sa force musico-théâtrale, une des plus grandes partitions lyriques du XXᵉ siècle.

WOZZECK ET *LULU*

Alban Berg (1885-1935) a été élève de Schoenberg. Cependant, il ne soumet pas son premier opéra, *Wozzeck* (1925), à la règle du dodécaphonisme, même si son écriture est globalement atonale. Il choisit quinze scènes du drame de Büchner, qu'il agence selon une logique précise (et classique !) en trois actes : exposition, péripétie, catastrophe. Chacune des quinze scènes est traitée selon une forme musicale spécifique, liée à la suivante par une brève transition orchestrale, l'ensemble déployant une cohérence dramatique d'une efficacité exemplaire. Utilisant toutes les ressources de la voix humaine, Berg atteint une puissance expressive peu commune qui, liée à son lyrisme douloureux et à la richesse de suggestion poétique du tissu musical, fait de *Wozzeck* une des œuvres du XXᵉ siècle qui a su le mieux toucher un vaste public. Avec *Lulu* en 1937, Berg compose un opéra entièrement dodécaphonique, qui brosse le fascinant portrait d'une femme fatale, inconsciente de ce pouvoir d'autodestruction qu'elle exerce sur tout homme qui l'approche. Suscitant catastrophe sur catastrophe, elle se hisse dans l'échelle sociale jusqu'à son triomphe qui sera le point de départ de sa perte, de sa déchéance et de sa mort sordide. L'architecture musicale de l'œuvre est entièrement basée sur la série de douze sons qui détermine la thématique de *Lulu*, avec une utilisation des possibilités de la voix poussée à son extrême, rendant le rôle de Lulu extrêmement difficile à chanter. Chef-d'œuvre moderne assurément, *Lulu* reste pourtant moins accessible au public que *Wozzeck*, et, si la réalisation par Friedrich Cerha de l'acte III (que Berg n'avait pas eu le temps d'achever) a redonné à *Lulu*, depuis sa création en 1979, un parfait équilibre de construction, cette épopée à la fois brûlante et glacée s'adresse pourtant moins à la sensibilité de l'auditeur qu'à sa culture et à son appréhension intellectuelle de la musique.

La question se posait alors aux jeunes compositeurs : que composer après *Lulu* ?

Lulu.
Mise en scène Patrice Chéreau. Opéra national de Paris, 1979.
Photo © C. Masson/Enguerand.

Der Prinz von Homburg de Hans Werner Henze. François Le Roux. Mise en scène Jean-Claude Auvray. Théâtre du Capitole de Toulouse, 1997.
Photo © G. Bouquillon.

Les contemporains

Si le XXᵉ siècle a été marqué pour l'opéra de langue allemande par Richard Strauss d'une part et par Schoenberg et Berg d'autre part, de nombreuses autres personnalités ont su, dans des styles divers, illustrer la continuité de ce mouvement dont Wagner a constitué le pivot, fût-ce en s'opposant à lui.

Eugen d'Albert (1864-1932), élève de Liszt et connu d'abord comme pianiste, représente sans doute le premier exemple de cette continuité d'un post-romantisme allemand teinté d'un peu de vérisme. Parmi ses quelque vingt ouvrages lyriques, un seul a connu le succès, *Tiefland,* créé en 1903, sorte de *Cavalleria rusticana* à l'allemande aux qualités dramatiques réelles.

Grand admirateur de Wagner, Hans Pfitzner (1869-1949) demeure ouvertement réticent à toutes les tendances « modernes » et se pose en défenseur d'un style « national » qu'il illustre à travers plusieurs opéras, dont seul *Palestrina*, créé en 1917 par Bruno Walter, devait connaître un succès durable.

Dans la même génération, Franz Schreker (1878-1934) fait une profonde impression sur les musiciens germaniques avec son premier opéra, *Der ferne Klang (le Son lointain)*. Schoenberg comme Berg (qui en a réalisé une réduction pour piano) ont dit leur admiration pour cette œuvre très personnelle, que Schreker fait suivre de plusieurs autres ouvrages, dont aucun ne retrouve cette audace initiale.

Influences croisées

Alexandre von Zemlinsky (1872-1942), le beau-frère de Schoenberg, s'affirme à la fois comme un grand chef d'orchestre (c'est lui qui crée *Erwartung*) et un compositeur marqué par les influences des œuvres qu'il dirige : le post-wagnérisme bien sûr, Richard Strauss, Mahler, mais aussi Schoenberg. Cela aboutit à de nombreux opéras dont les plus marquants demeurent *Une tragédie florentine* (1917) sur un texte d'Oscar Wilde, ou *le Nain* (1922), encore d'après Wilde.

La carrière lyrique de Paul Hindemith (1895-1963) commence par trois scandales : *Assassin, espoir des femmes* en 1921, sur un livret de Kokoschka ; *Das Nusch-Nuschi*, la même année, une pièce pour marionnettes birmanes où un motif de *Tristan* est repris pour annoncer l'arrivée d'un personnage qui vient d'être châtré ; *Sancta Susanna* en 1922, où sainte Suzanne découvre la nature érotique de son amour pour Jésus. Mais ce sont deux opéras d'une tout autre nature, *Cardillac* en 1926 et *Mathis le peintre* en 1938 qui devaient consacrer son importance dans l'histoire de l'art lyrique du XXe siècle, en posant avec une austère grandeur le problème des relations entre l'artiste et la société.

L'Opéra de quat'sous

À l'opposé, Kurt Weill (1900-1950), élève de Humperdinck puis de Busoni, s'inscrit délibérément dans l'art de son temps, faisant appel pour ses livrets à des écrivains d'avant-garde, se préoccupant des luttes sociales de son époque, mélangeant le jazz ou la musique de cabaret berlinois à ses partitions. Sa rencontre avec Bertolt Brecht, et la collaboration qui va s'ensuivre, ouvre à Kurt Weill la possibilité d'exprimer son talent à partir de livrets à sa mesure. De cette collaboration, deux ouvrages majeurs sortiront : *l'Opéra de quat'sous* (1928), *Grandeur et décadence de la ville de Mahagonny* (1930). La musique de Weill y exhale à son meilleur ce caractère « populaire » qu'il a su exprimer mieux que tout autre, même si, aujourd'hui, le caractère révolutionnaire de ces partitionsa perdu de sa portée.

Les Soldats

Gottfried von Einem (né en 1918), crée *la Mort de Danton* au festival de Salzbourg en 1947, sous la direction de Ferenc Fricsay ; il y fait preuve d'un langage d'une grande efficacité par son adéquation au drame de Büchner. Le style vocal, librement atonal, y déploie un lyrisme ample et émouvant et les scènes de foule sont assez saisissantes, l'ensemble constituant une belle réussite dramatique. Von Einem a composé plusieurs autres opéras, dont, en 1953, *le Procès* d'après Kafka ou, en 1976, *Intrigue et Amour* d'après Schiller.

Son exact contemporain, Bernd Alois Zimmermann (1918-1970), n'a composé qu'un opéra, *les Soldats* (1965), mais celui-ci est devenu une œuvre culte (et à peu près injouable !) de l'opéra du XXe siècle. Il a imaginé une action se déroulant dans « une perspective sphérique du temps », ce qui signifie que les événements sont situés dans un ordre temporel indifférent, le présent et l'avenir se représentant simultanément à divers endroits de l'espace qui entoure le public.

On citera encore Wolfgang Fortner (né en 1907), auteur en 1957 de *Noces de sang*, d'après le drame de García Lorca, un opéra régulièrement joué en Allemagne, Rolf Liebermann, (1910-1999) qui, avant d'être un des plus grands directeurs d'opéra du XXe siècle, a composé trois ouvrages qui ont retenu l'attention, *Leonore 40-45* en 1952, *Pénélope* en 1954 et une étonnante *École des femmes* en 1957, et Aribert Reimann (né en 1936), dont le *Lear*, créé en 1978 par Dietrich Fischer-Dieskau, est une des plus grandes réussites lyrico-dramatiques de ces dernières années.

On n'oubliera pas non plus la contribution de Hans-Werner Henze (né en 1926), dont le langage assez varié, parfois hétéroclite, se caractérise par un sûr instinct dramatique, qui lui a permis de recueillir quelques-uns des plus grands succès lyriques de l'après-guerre, aussi bien avec *Boulevard Solitude* qui, en 1952, réactualisait l'histoire de Manon Lescaut, qu'avec *le Roi cerf* en 1956, *le Prince de Hombourg* en 1960 et, peut-être son chef-d'œuvre, *Élégie pour de jeunes amants,* en 1961.

Pourtant aujourd'hui, en cette fin de XXe siècle, on ne voit guère comment va se dessiner l'opéra du XXIe siècle.

Les Soldats de Bernd Alois Zimmermann. Mise en scène Ken Russell. Opéra national de Lyon, 1983.

L'OPÉRA FRANÇAIS

C'est paradoxalement un Italien fixé à Paris, Lully, qui, en 1673, compose le premier opéra français avec *Cadmus et Hermione*. Mais au règne de Lully succède au XVIIIe siècle celui de Jean-Philippe Rameau qui déploie le genre jusqu'à son épanouissement, avec en particulier *Hippolyte et Aricie*. Grétry, Boieldieu, Auber ou Adam assurent à sa suite la transition vers le XIXe siècle où l'art lyrique français s'affirme à travers ce qu'on appelle alors le « grand opéra », un style de représentation spectaculaire où s'illustrent Meyerbeer ou Halévy et, dans une moindre mesure Berlioz ou Gounod, dont le *Faust* demeure un des ouvrages les plus populaires du répertoire, à l'instar de *Carmen* qui rend universel le nom de Bizet. Saint-Saëns dans le genre sérieux, Offenbach ou Chabrier dans le genre léger, Massenet dans le genre sentimental et encore les Delibes, Lalo ou Ambroise Thomas conduisent l'opéra français jusqu'à ce basculement qu'inscrit en 1902 Debussy avec *Pelléas et Mélisande*. Dukas, Fauré, Milhaud et quelques autres ratisseront encore ce jardin à la française jusqu'à ces trois grands compositeurs qui illustrent la seconde partie du XXe siècle : Poulenc, Landowski et Messiaen.

Grand Théâtre de Bordeaux.
Photo © Moatti/Kleinefenn. Sipa Press.

LES CRÉATEURS

En France, comme en Angleterre et en Italie, l'opéra naît des spectacles multiformes donnés à l'occasion des mariages princiers, le plus célèbre en étant le *Ballet comique de la Reine* en 1581. Mais c'est l'influence italienne, liée à la présence de Mazarin à la cour, qui permet à la France de découvrir les premiers opéras de Rossi ou de Cavalli. Ce sont pourtant Perrin et Cambert qui obtiennent en 1669 le privilège d'une Académie royale de musique (qui deviendra l'Opéra de Paris), inaugurée le 3 mars 1671 avec leur *Pomone*. En 1673, Lully, avec *Cadmus et Hermione* donne ce qui est sans doute le premier véritable opéra français. *Alceste* (1674) ou *Armide* (1686) confirment ce règne de Lully sur l'opéra français. Mais Marc Antoine Charpentier avec *Médée* (1693), André Campra avec *l'Europe galante* (1697) ou *Tancrède* (1702) vont assurer la transition avec le grand compositeur lyrique du début du XVIIIe siècle français : Rameau.

Jean-Philippe Rameau (1683-1764), en effet, n'est pas un continuateur de Lully, mais bien le plus grand tragédien lyrique de son époque et un compositeur qui sait se donner les moyens formels de ses ambitions, quitte à révolutionner les habitudes du public, voire des musiciens. Avec *Hippolyte et Aricie*, en 1733, il impose ce style novateur : un orchestre étoffé (50 à 60 musiciens) qui joue un rôle conducteur et expressif ; des personnages qui ont une véritable « existence » humaine, souvent bouleversante (telle la Phèdre d'*Hippolyte et Aricie*), avec aussi une grande audace et une richesse d'imagination formidables dans la création des climats dramatiques. Rameau composera encore quelque trente-deux ouvrages pour la scène, dont les plus marquants sont *les Indes galantes* (1735), *Castor et Pollux* (1737), *Dardanus* (1739), l'étonnante comédie *Platée* (1745), *Zoroastre* (1749) ou *les Boréades* (1764).

VERS LE ROMANTISME

Les compositeurs qui suivront, sans se hausser au niveau de Rameau, sauront rallier les suffrages du public, de Philidor à Monsigny, ou de Dalayrac à Grétry, dont l'exquis *Zémire et Azor* (1771) et surtout *Richard Cœur de Lion* (1784) se situent dans une perspective ambitieuse avec l'apparition d'un premier sentiment romantique.

La période révolutionnaire mettra au premier plan les talents de Lesueur (*la Caverne* en 1793) et de Méhul (*Joseph* en 1807), en particulier dans le domaine de l'orchestration, qui influera sur un Gounod ou un Berlioz (tous deux élèves de Lesueur), mais aussi dans l'expression d'une sincérité qui nourrit la mélodie et crée des atmosphères dont la richesse émotive ouvrira le chemin au romantisme.

On n'aura garde d'oublier, dans cette époque où se forme l'opéra français du XIXe siècle, l'importance d'un compositeur comme François Adrien Boieldieu (1775-1834) dont le premier succès, *la Fille coupable*, en 1793 (il n'avait que dix-huit ans !) allait être le début d'une série de triomphes parmi lesquels *le Calife de Bagdad* en 1800 et, surtout, son chef-d'œuvre, *la Dame blanche* qui, en 1825, s'inscrit dans l'atmosphère du romantisme naissant. On a peine aujourd'hui à en imaginer le succès foudroyant (dès 1862, le seul Opéra-Comique en affichait la 1 000e), mais il est vrai qu'à chaque reprise *la Dame blanche* retrouve les faveurs du public.

La Légende de Joseph d'Étienne Méhul. René Massis (Siméon), Laurence Dale (Joseph). Mise en scène Pierre Jourdan. Théâtre Impérial de Compiègne, 1989.
Photo © G. Mansart.

La Dame blanche de François Adrien Boieldieu. Jaël Azzaretti (Anna), Gregory Kunde (Georges Brown). Mise en scène Jean-Louis Pichon. Paris, Opéra-Comique, 1999.
Photo © P. Richard

Avant d'aborder les grands noms de ce XIXᵉ siècle, on ne manquera pas de rappeler celui d'Adolphe Adam, essentiellement connu des ballettomanes pour être l'auteur de *Giselle* (et, ce qu'on ne sait guère, du fameux *Minuit chrétiens*). Mais il a aussi composé quelque 45 ouvrages lyriques avec un succès constant (dont *le Chalet,* créé en 1834, devait être donné plus de 1 500 fois). Son charme opère encore aujourd'hui : il n'est que d'assister à une représentation du *Postillon de Longjumeau,* pourvu que le ténor soit à la hauteur, c'est-à-dire qu'il sache lancer les ré aigus de son air « Mes amis, écoutez l'histoire », et la salle sera en délire !

LE GRAND SPECTACLE

On peut classer dans le même registre Daniel François Esprit Auber (1782-1871), dont la souplesse du style mélodique semble capable de retrouver l'étincelle italienne sans se départir de la grâce et du lyrisme français. *Fra Diavolo* (1830), *le Cheval de bronze* (1835), *le Domino noir* (1837), *les Diamants de la couronne* (1841), ou encore *Manon Lescaut* (1856), avec son célèbre « éclat de rire », ont su mettre en valeur le charme constant de l'écriture d'Auber, tout de légèreté de ligne et de netteté dans le dessin mélodique. *La Muette de Portici,* en 1828, constitue son apport le plus décisif à l'histoire de l'art lyrique en servant de prototype à ce qui deviendra le « grand opéra » à la française qu'illustreront Meyerbeer et Halévy (la scène finale dans laquelle l'héroïne se jette dans le Vésuve annonce les grands émois du romantisme en même temps qu'elle préfigure le grand spectacle que l'opéra va bientôt s'attacher à illustrer).

Platée de Jean-Phlippe Rameau. Vincent Le Texier (Jupiter), Jean-Paul Fouchécourt (Platée). Mise en scène Laurent Pelly. Opéra national de Paris, 1999.
Photo © J. Moatti.

GIACOMO MEYERBEER
1791 - 1864

REPÈRES	
1831	*Robert le Diable*
1836	*Les Huguenots*
1849	*Le Prophète*
1859	*Le Pardon de Ploërmel*
1865	*L'Africaine*

Giacomo Meyerbeer, 1830. Berlin.
Archiv Kunst & Geschichte. AKG.

Robert le Diable.
Mise en scène Petrika Ionesco.
Opéra national de Paris, 1985.
Photo © J. Moatti.

Réunir Meyerbeer et Halévy dans un même chapitre, c'est mettre l'accent sur ce style qu'ils ont chacun illustré au plus haut degré, celui du « grand opéra historique ».

Jakob Liebmann Beer, dit Giacomo Meyerbeer, est né dans une riche famille berlinoise qui fréquentait l'élite intellectuelle de la ville. Après de brillantes études de piano (il joue en public dès l'âge de neuf ans) puis de composition, il écrit divers opéras qui, soit ne sont pas joués, soit le sont sans succès. Pourtant Meyerbeer ne se décourage pas ; il voyage, à Paris, à Londres, en Italie. Et il compose à nouveau des opéras, en italien cette fois : enfin le succès est là avec la création triomphale à Venise en 1825 d'*Il crociato in Egitto (le Croisé en Égypte)*, dernier opéra écrit pour un castrat, en l'occurrence Velluti. La renommée de Meyerbeer s'étend d'un coup à toute l'Europe. Encouragé par Rossini et Cherubini, il vient s'établir à Paris où il donne, en 1831, le premier de ses six grands opéras français, *Robert le Diable*. Meyerbeer a parfaitement saisi les nouveaux désirs du public parisien : il propose donc, avec ce grand mélodrame romantique, un spectacle suffisamment étonnant (dont le « clou » est une bacchanale de nonnes damnées au milieu des ruines de leur couvent), mêlant le fantastique au dramatique, s'inspirant autant de Weber pour le traitement de l'orchestre que du style italien pour l'écriture vocale, avec quelques airs superbes (du sombre solo de Bertram, « Nonnes qui reposez », à l'émouvant air d'Isabelle, « Robert, toi que j'aime », jusqu'à l'inventif trio final entre Alice, Robert et Bertram). Le succès est total.

Le triomphe sera encore plus grand en 1836 avec *les Huguenots*. Il s'agit cette fois d'une fresque mouvementée qui évoque la tragédie historique de la Saint-Barthélemy dans le cadre d'un drame familial et amoureux. Quelques pages sont de haute tenue, de l'air du ténor (« Plus blanche que la blanche hermine ») à celui de la soprano (« Ô doux pays de la Touraine ») ou au duo (« Raoul, où courez-vous ? »), sans oublier la célèbre scène de la « bénédiction des poignards ». La sensation est considérable, et Meyerbeer est alors fêté dans toute l'Europe.

Il revient à Paris en 1849 pour y créer avec le même succès *le Prophète*, un ouvrage passionnant, pourvu d'un livret fort (d'Eugène Scribe), ménageant quelques scènes à effet, dont le tableau du couronnement, page grandiose avec marche et triple chœur (Verdi s'en souviendra dans *Don Carlos* ou dans *Aïda*), ou encore l'explosion du palais, ou même le séduisant ballet des patineurs sur le lac gelé (conçu par Meyerbeer pour des danseurs chaussés de patins à roulettes, récemment inventés). Enfin, après *l'Étoile du Nord* en 1854 et *le Pardon de Ploërmel* en 1859 (dont l'ébouriffant air de Dinorah, « Ombre légère », est resté célèbre), Meyerbeer compose *l'Africaine*, créé en 1865, après sa mort. C'est l'histoire, fort longue (l'opéra dure près de six heures !), de l'explorateur Vasco de Gama, héros antipathique pour qui, néanmoins, tout se termine bien grâce au sacrifice d'une reine africaine amoureuse de lui. Le sommet du spectacle est constitué par le naufrage d'un bateau qui vient se briser sur les récifs, ce qui, on s'en doute, n'est pas sans poser de problème aux metteurs en scène...

Assurément, la place de Meyerbeer a été de son temps considérablement survalorisée. Mais elle est injustement minorée à notre époque. Son influence sur Wagner et Verdi est loin d'être négligeable et il serait sans doute intéressant de réentendre ses opéras aujourd'hui, fût-ce après quelques coupes...

JACQUES-FROMENTAL HALÉVY
1799 - 1862

REPÈRES
1835   *La Juive*
1841   *La Reine de Chypre*

Jacques-Fromental Halévy n'a pas connu le même succès que Meyerbeer. Pourtant, parmi la trentaine d'opéras qu'il a composés, deux ont eu un grand retentissement à son époque, *la Juive* (1835) et *la Reine de Chypre* (1841), deux ouvrages que Wagner considérait comme « deux monuments de l'histoire de la musique », admirant en particulier dans le premier « le pathos d'une tragédie lyrique de haut rang ».

Il est vrai que *la Juive* bénéficie d'abord d'un livret typiquement romantique de Scribe : c'est l'histoire d'une jeune femme, Rachel, recueillie par l'orfèvre Éléazar et séduite par le prince Léopold ; mais elle est, en fait, la fille secrète et disparue du cardinal de Brogni, lequel mène la persécution contre les juifs. Refusant de trahir son amant, la jeune femme et son père adoptif sont condamnés au bûcher, mais, lorsqu'elle se précipite la première dans les flammes, Éléazar révèle au cardinal qu'il vient de tuer sa propre fille ! La musique d'Halévy confère une force réelle à l'argument, avec de grandes pages chorales, avec aussi quelques airs inspirés, de la romance de Rachel, « Il va venir », à l'air si fameux d'Éléazar à l'acte IV (dont on dit que les paroles ont été écrites par Adolphe Nourrit, le créateur du rôle), « Rachel, quand du Seigneur ». Ce seul air, inscrit au répertoire de tous les plus grands ténors jusqu'à il y a un demi-siècle, vaudrait les saluts de la postérité à Halévy. Mais tout l'opéra mériterait d'être remonté : c'est peut-être le vrai chef-d'œuvre du « grand opéra » historique.

Jacques François Fromental Lévy dit Halévy.
Paris, Bibliothèque nationale.
© AKG Paris.

La Juive.
Cornélie Falcon, créatrice du rôle de Rachel, 1835.
Aquarelle d'Alexandre Colin.
Paris, Bibliothèque-musée de l'Opéra.
Archives Larbor.

HECTOR BERLIOZ
1803 - 1869

◊ REPÈRES
1838 *Benvenuto Cellini*
1856-1858 *Les Troyens*
1862 *Béatrice et Bénédict*

Hector Berlioz, 1850.
Portrait par Gustave Courbet.
Musée du Louvre.
Photo Jeanbor. © Archives Larbor.

Les Troyens.
Mise en scène Pier Luigi Pizzi.
Opéra national de Paris, 1990.
Photo © Christian Leiber.

Figure flamboyante du romantisme français, habité dans toute son œuvre par une flamme dramatique et lyrique, de la *Symphonie fantastique* à *la Damnation de Faust* (qui n'est pas un opéra, même si on l'a parfois « mise en scène » après la mort du compositeur – dès 1893 pour la première fois), Hector Berlioz n'a composé que trois opéras. Et aucun des trois n'est jamais devenu véritablement populaire.

En fait, l'échec de son premier, *Benvenuto Cellini*, en 1838, devait influer sur la suite de son activité créatrice dans le domaine lyrique. Les raisons de ce fiasco initial tiennent pourtant avant tout aux faiblesses et aux incohérences d'un livret à la théâtralité bancale, dont les personnages ne présentent guère d'intérêt, pas plus que les péripéties qui semblent les agiter. En revanche la musique de Berlioz demeure, éclatante, chaleureuse, d'un lyrisme souvent exaltant (en particulier dans la fameuse scène du « Carnaval romain »), et il serait dommage de ne pas éprouver le véritable grand souffle romantique qu'elle porte.

Pourtant, près de vingt ans après, Berlioz revient à l'opéra avec un vaste projet, dont les dimensions dépassent le cadre traditionnel de l'opéra : *les Troyens*. Plus qu'un opéra, c'est une fresque épique, en deux parties, *la Prise de Troie* et *les Troyens à Carthage*, dont seule la seconde verra le jour de son vivant, en 1863, la version complète n'étant créée qu'en 1890, à Karlsruhe, et en allemand ! Le livret, de Berlioz lui-même, est tiré de *l'Énéide* de Virgile et raconte l'histoire de la prise de Troie par les Grecs, puis celle des amours de la reine de Carthage, Didon, avec le héros troyen Énée, enfin l'impérieuse nécessité pour Énée de poursuivre son voyage afin d'aller construire la nouvelle Troie, et donc la douleur puis la mort de la reine abandonnée. Mélange de fougue et d'emportement romantiques, d'hommage au classicisme, à Gluck entre autres, avec quelques effets rappelant que nous sommes à l'époque du grand opéra historique, le tout porté par un vaste orchestre qui sait tout à la fois se déployer avec une somptueuse puissance symphonique (« Chasse royale et orage ») ou donner aux voix un bel habillage, ces *Troyens* ont marqué l'histoire de la musique. Force est pourtant de reconnaître qu'ils n'ont pas su, en France en particulier, faire vibrer le cœur du public.

Son troisième opéra, *Béatrice et Bénédict*, est une comédie, « un caprice écrit avec la pointe d'une aiguille » selon Berlioz lui-même, tirée d'une pièce de Shakespeare, *Beaucoup de bruit pour rien*. Créé à Baden-Baden en 1862, avec un certain succès, c'est un ouvrage plein de mélodies charmantes, avec un réel raffinement d'écriture évoquant parfois l'atmosphère d'un Watteau (dans le duo nocturne par exemple), mais ce n'est pourtant pas un chef-d'œuvre.

Berlioz, le grand romantique français, serait-il passé à côté de la carrière de compositeur lyrique qu'on aurait pu attendre de son tempérament ?

Charles Gounod
1818-1893

REPÈRES	
1851	*Sapho*
1854	*la Nonne sanglante*
1858	*le Médecin malgré lui*
1859	*Faust*
1860	*Philémon et Baucis*
1862	*la Reine de Saba*
1864	*Mireille*
1867	*Roméo et Juliette*

Pourquoi associer Hector Berlioz et Charles Gounod ? Peut-être parce que le second a réussi là où le premier a échoué : créer un opéra français également éloigné des modèles du bel canto italien et du romantisme allemand, inventer un style affranchi des contraintes du grand opéra historique, faisant place à une veine lyrique renouvelée. Pourtant Gounod a commencé tardivement sa carrière de compositeur lyrique en 1851, avec *Sapho* dont l'air du dernier acte, « Ô ma lyre immortelle » figure encore aujourd'hui dans les programmes de concert. Mais son opéra suivant, *la Nonne sanglante*, en 1854, se solde par un cuisant échec. Ce n'est qu'en 1859, avec *Faust*, qu'il donne enfin toute sa mesure.

Sans doute le drame de Goethe est-il considérablement édulcoré et sa dimension métaphysique oubliée, mais, à travers ses personnages dessinés à grands traits, Gounod réussit à bâtir une pièce où les sentiments sont le moteur de l'action et la matière première de la partition, riche d'airs à la simplicité émouvante, de la cavatine de Faust, « Salut ! demeure chaste et pure » (qu'admirait Berlioz), à l'air de Marguerite, « Ah ! je ris de me voir si belle », baptisé « Air des bijoux », un morceau d'anthologie souvent caricaturé, mais qui reste un modèle de pure musicalité.

Gounod ne s'arrête pas avec le triomphe de *Faust* et après *Philémon et Baucis* (1860) et *la Reine de Saba* (1862) vient *Mireille* (1864). Écrite sur les lieux mêmes de l'action, en Provence, à partir d'un livret tiré du grand poète régional Frédéric Mistral, *Mireille* est un concentré de musique intimiste, avec quelques emprunts au fonds musical folklorique, qui donnent sa couleur et même sa saveur à cette œuvre au charme constant. L'écriture vocale y est mélodieuse à souhait, le lyrisme attendrissant, d'autant que les caractères psychologiques sont très clairement typés (le gentil vannier Vincent, le méchant bouvier Ourrias, la courageuse Mireille) ; pourtant l'opéra dans son ensemble possède un parfum trop spécifiquement français pour être exportable, ce qui explique son peu de succès à l'étranger.

Mais la grande partition lyrique de Gounod reste *Roméo et Juliette* qui, en 1867, le consacre comme l'artisan rayonnant du renouveau lyrique français. Sans être particulièrement fidèle à l'esprit de Shakespeare, ce *Roméo et Juliette* chante en effet l'amour avec une éblouissante malléabilité de la ligne mélodique, un raffinement de l'écriture vocale sollicitée à son meilleur, et une ferveur unique dont témoignent les quatre duos d'amour atteignant des sommets d'expression musicale et poétique.

Il est parfois de bon ton aujourd'hui de se gausser de Gounod : il serait peut-être utile à ses contempteurs de réécouter vraiment cette musique !

Charles Gounod.
Portrait anonyme. Paris,
Bibliothèque-musée de l'Opéra.
Archives Larbor.

Faust.
Mise en scène Jorge Lavelli.
Opéra national de Paris, 1988.
Photo © Jacques Moatti.

GEORGES BIZET
1838 - 1875

REPÈRES
- 1856 le Docteur Miracle
- 1863 les Pêcheurs de perles
- 1867 la Jolie Fille de Perth
- 1872 Djamileh
- 1875 Carmen

Georges Bizet.
AKG Paris.

Georges Bizet est apparu d'emblée, comme un jeune homme particulièrement doué, collectionnant les prix au Conservatoire, où il est l'élève d'Halévy (dont il épousera plus tard la fille), puis de Gounod. Après son Grand Prix de Rome, il remporte à dix-huit ans, ex aequo avec Charles Lecocq (le futur compositeur de la Fille de madame Angot), un concours créé par Offenbach qui consiste à mettre en musique un même livret, le Docteur Miracle. Mais il faut attendre 1863 pour que Bizet donne son premier chef-d'œuvre, les Pêcheurs de perles. Suivant la mode, qui est à l'orientalisme, l'action se déroule dans le cadre enchanteur de l'île de Ceylan. L'atmosphère de l'œuvre, au contraire, est sombre et tourmentée, quoique marquée, en ce qui concerne la souplesse de l'écriture mélodique et la fluidité du langage harmonique, par une évidente influence de Gounod, en particulier dans le sublime air de Nadir, « Je crois entendre encore ».

Parmi la dizaine d'autres partitions de Bizet, une place doit être réservée à la Jolie Fille de Perth (1867), un opéra qui n'est pratiquement plus joué aujourd'hui, mais qui est le seul succès qu'ait connu Bizet de son vivant. L'ouvrage pèche sans doute par un livret assez emberlificoté, tiré de Walter Scott, mais quelques mélodies subsistent, de la sérénade de Smith, « À la voix d'un amant fidèle », à la chanson de Ralph, « Quand la flamme de l'amour ».

L'OPÉRA LE PLUS JOUÉ

Tout cela n'annonçait pourtant pas la révolution que constitue Carmen en 1875, dont le choc est considérable lors de sa création à l'Opéra-Comique. Le scandale est de deux ordres : le livret, en premier lieu, heurte la bourgeoisie bien-pensante habituée à des divertissements moins épicés et ne touchant pas les bonnes mœurs (un critique parlera de « dévergondage ») ; la musique non plus n'est pas mieux reçue, traitée même de « musique cochinchinoise » ! Sa force tragique, son audace harmonique, la richesse de la progression dramatique à travers ses étonnants tissages de couleurs, tout ce qui l'a fait saluer par Nietzsche comme l'œuvre « méditerranéenne » propre à contrebalancer les moiteurs troubles du wagnérisme, tout s'est retourné contre elle : la nouveauté n'est jamais consensuelle.
À présent que Carmen est unanimement saluée comme un des plus hauts chefs-d'œuvre de l'art lyrique, à présent que c'est l'opéra le plus joué dans le monde, on mesure mieux sa beauté et sa richesse tant psychologique que vocale et instrumentale. Quelques scènes sont même devenues des morceaux d'anthologie, de la « Habanera » à la « Séguedille », jusqu'à cette scène finale, celle du meurtre de Carmen par Don José, un des plus intenses moments de théâtre et de brûlante tragédie.

Carmen.
Béatrice Uria-Monzon (Carmen)
Serguei Larin (Don José).
Mise en scène Alfredo Arias.
Opéra national de Paris, 1997.
Photo © E. Mahoudeau.

Camille Saint-Saëns
1835 - 1921

REPÈRES	
1864	le Timbre d'argent
1872	la Princesse jaune
1877	Samson et Dalila
1879	Étienne Marcel
1887	Henry VIII
1893	Phryné
1901	les Barbares

Camille Saint-Saëns, Normand né à Paris et mort à Alger à l'âge (rare chez les artistes !) de quatre-vingt-six ans, est plus connu aujourd'hui comme compositeur symphonique et de musique de chambre que comme compositeur lyrique. Il a pourtant laissé une douzaine d'opéras. Mais qui connaît aujourd'hui le Timbre d'argent ou la Princesse jaune, Étienne Marcel, Phryné ou les Barbares ? Et si l'Opéra de Compiègne a récemment redonné Henry VIII, cette courageuse initiative n'a pas restitué à l'ouvrage une nouvelle vie. Non, décidément, ne reste que Samson et Dalila, mais c'est un chef-d'œuvre.

Camille Saint-Saëns.
Portrait anonyme.
Naples, Conservatoire de Musique
S. Pietro a Maiella. Archives Larbor.

Hébreux et Philistins

Pourtant, entrepris dès 1867, il a eu du mal à s'imposer : refusé par l'Opéra de Paris, il sera créé en allemand, à Weimar, grâce à l'initiative de Liszt en 1877. Il faudra attendre 1890 pour en voir la création française, à Rouen. Et ce n'est que le 23 novembre 1892 que Samson et Dalila sera enfin donné à l'Opéra de Paris !
C'est une œuvre réellement grandiose, où s'opposent Hébreux et Philistins à travers deux personnages emblématiques, Samson, le chef des Hébreux, et Dalila, la courtisane, la tentatrice. C'est surtout une œuvre dont l'expression lyrique, passée par la mélodie expressive de Gounod et la déclamation wagnérienne (Wagner, le maître admiré, dont Saint-Saëns a, en 1861, aidé la création parisienne de Tannhäuser), constitue une nouveauté stylistique réelle, nourrie de surcroît d'une profonde beauté mélodique (en particulier les deux airs somptueux de Dalila, « Printemps qui commence » et « Mon cœur s'ouvre à ta voix »). La justesse expressive des accents, la splendeur d'un orchestre reflétant à chaque instant les péripéties du drame, la puissance dramatique exceptionnelle des pages chorales, tout contribue à faire de Samson et Dalila un des plus authentiques chefs-d'œuvre de l'opéra français du XIXe siècle.

Samson et Dalila.
José Cura (Samson).
Teatro Regio de Turin, 1997.
Photo © Ramella & Giannese.

REPÈRES

1847	*l'Alcôve*
1855	*Oyayaye ou la Reine des Îles*
	Ba-Ta-Clan
1858	*Mesdames de la Halle*
1862	*Monsieur Choufleuri*
1864	*la Belle Hélène*
1866	*la Vie parisienne*
1867	*la Grande Duchesse de Gérolstein*
1868	*la Périchole*
1869	*les Brigands*
1874	*Orphée aux Enfers*
1879	*la Fille du tambour-major*
1881	*les Contes d'Hoffmann*

JACQUES OFFENBACH
1819 - 1880

Jacques Offenbach.
Portrait de Nadar.
D.R.

Les Brigands.
Affiche de Jules Chéret, 1878.
Coll. Maciet. Paris,
Musée des Arts décoratifs.
Photo © M. Didier. Archives Larbor.

La Belle Hélène.
Michel Trempont, Jules Bastin.
Mise en scène Jérôme Savary.
Paris, Opéra-Comique, 1985.
Photo © M. Szabo.

Certains s'étonneront peut-être de trouver ici un compositeur d'opérettes ou d'opéras-bouffes. Mais si l'on en écartait Offenbach, ne devrait-on pas aussi écarter Rossini, compositeur de nombre d'opéras-bouffes, voire de farces ? En fait, chacun s'accorde à reconnaître qu'il y a chez l'auteur de *la Vie parisienne* tout ce qui caractérise un compositeur de premier ordre, doué d'une intuition infaillible en matière de théâtre, en même temps que d'un vrai génie mélodique, même s'il n'a guère utilisé ses dons en dehors de cet univers léger de satire et de comédie qui a fait son succès.

L'OPÉRA COMIQUE

Pourtant, tout au long de sa vie, Offenbach a eu le désir d'échapper au moins une fois à sa condition d'amuseur, et la volonté d'être reconnu comme un compositeur « sérieux ». Ainsi, entre *Monsieur Choufleuri* et *la Vie parisienne*, a-t-il composé une œuvre plus ambitieuse, *Die Rheinnixen*, créée à l'Opéra de Vienne en 1863. Mais le succès n'a pas été au rendez-vous. Il lui faudra attendre la fin de sa vie pour trouver le temps, ou pour oser composer cet opéra « fantastique » auquel il consacrera toute son énergie durant ses derniers mois, à partir d'un livret inspiré des fameux contes d'Ernst-Theodor-Amadeus Hoffmannn, et qui précisément s'intitule les *Contes d'Hoffmann*. Offenbach y reprend d'ailleurs quelques mélodies tirées des *Rheinnixen*, il y rend aussi quelques hommages discrets, à Mozart en particulier, et il parvient à donner à l'œuvre sinon une unité, au moins une continuité et un charme étrange. Hélas, malgré ses exhortations au directeur de l'Opéra-Comique (« Hâtez-vous de monter mon opéra : je suis pressé ! Pressé ! »), Offenbach mourra quatre mois avant la création des *Contes d'Hoffmann*.

L'ouvrage est inscrit aujourd'hui au répertoire de tous les théâtres, même si les musicologues se querellent sur le problème de savoir quelle est la version authentique : tout le matériel de la création étant parti en fumée dans l'incendie de l'Opéra-Comique, on ne le saura jamais et c'est un ultime clin d'œil du destin à celui qui a tant diverti ses contemporains – et qui continue aujourd'hui de le faire !

EMMANUEL CHABRIER
1841 - 1894

REPÈRES	
1877	l'Étoile
1879	Une éducation manquée
1886	Gwendoline
1887	le Roi malgré lui

Emmanuel Chabrier, 1893.
D.R.

Assurément la personnalité d'Emmanuel Chabrier est bien différente de celle d'Offenbach. S'étant essayé à la composition fort jeune, il est pourtant contraint par ses parents à embrasser une carrière juridique et restera fonctionnaire au ministère de l'Intérieur jusqu'à près de quarante ans, sans pour autant négliger sa formation musicale.

L'AMI DES POÈTES

Admirateur de Wagner que lui fait découvrir Duparc, lié à tout le mouvement intellectuel de son temps, de Verlaine (qui écrira pour lui le livret de deux opérettes laissées inachevées et participera à la rédaction d'un certain nombre de couplets de l'Étoile, opérette savoureuse dont la loufoquerie surréaliste possède quelque chose d'étonnamment moderne) à Villiers de L'Isle-Adam ou Manet (qui a laissé plusieurs portraits du compositeur), Emmanuel Chabrier va révéler l'étendue de son talent en 1887 avec le Roi malgré lui, que Ravel tenait pour un chef-d'œuvre de la musique française. Il est vrai que ce délicieux opéra-comique, au livret certes un peu faible, est un bouquet de mélodies subtiles et tendres autant que variées et brillantes, parodiant ici Meyerbeer, là Berlioz, là encore le Bizet de Carmen, avec toujours une verve entraînante, une orchestration inventive et quelques morceaux de bravoure, dont la magnifique « Fête polonaise » qui ouvre l'acte II.

Avec Gwendoline, histoire de pirate apprivoisé par l'amour, pour qui l'héroïne se sacrifie au lieu de le tuer comme elle en a été chargée, on perçoit plus nettement, dans l'harmonie comme dans le jeu des timbres ou dans l'orchestration, capiteuse à souhait, l'influence wagnérienne sur l'écriture de Chabrier, d'où son plus grand succès outre-Rhin qu'en France. Quant à Briséis, que la maladie l'empêcha de terminer, son audace et sa nouveauté s'avérèrent telles que d'Indy et même Debussy se déclarèrent impuissants à l'achever dans le sens souhaité par Chabrier !

Pourtant on connaît mal aujourd'hui Chabrier, on le joue peu ou pas du tout (à l'exception de son célébrissime poème symphonique España) : sans doute parce que son originalité l'avait décalé de son époque. Il est temps de combler cette lacune.

L'Étoile.
Colette Aliot-Lugaz (Lazuli).
Mise en scène Louis Erlo.
Paris, Opéra-Comique, 1984.
Photo © M. Szabo.

REPÈRES	
1877	*le Roi de Lahore*
1881	*Hérodiade*
1884	*Manon*
1885	*le Cid*
1889	*Esclarmonde*
1892	*Werther*
1894	*Thaïs*
	la Navarraise
1899	*Cendrillon*
1902	*le Jongleur de Notre-Dame*
1910	*Don Quichotte*

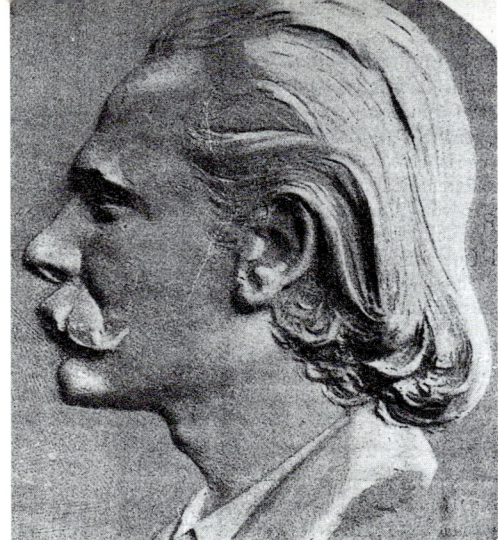

Massenet, 1882.
D.R.

Thaïs.
Composition de Jack Abeille parue dans « Les Feux de la rampe », 1898.
Coll. Maciet. Paris Bibliothèque des Arts décoratifs.
Photo M. Didier. © Archives Larbor.

JULES MASSENET
1842 - 1912

Massenet va connaître la célébrité et même être élu, à trente-six ans, membre de l'Institut (contre Saint-Saëns). *Hérodiade* filera la même veine orientalo-mystico-sensuelle, avec une Salomé qui, plutôt que d'exiger la tête de Jean-Baptiste, lui avoue son amour et essaie de le sauver ! Des mélodies lascives, une langueur morbide, tout à fait dans le ton de l'époque, un sujet assez scabreux, quelques concessions à l'esprit du « grand opéra » : le succès était assuré.

Après des études au Conservatoire de Paris avec Ambroise Thomas et un Prix de Rome à dix-neuf ans, Jules Massenet compose ses premiers oratorios et opéras, de *Marie-Madeleine* à *Don César de Bazan*, révélant d'emblée sa facilité et ses qualités dramatiques, le sens de la concision, la souplesse des lignes mélodiques, l'art d'équilibrer les sonorités des voix et de l'orchestre, et puis ce charme, ce fameux charme que chacun lui reconnaît, fût-ce pour l'en critiquer. Car l'éclectisme de son talent et sa prolixité l'ont souvent desservi.

Avec *le Roi de Lahore* en 1877, un ouvrage à l'orientalisme alors parfaitement à la mode mais qui ne vaut guère aujourd'hui que par quelques pages mélodiques assez passionnées,

MUSICIEN DE LA FEMME

En 1884, Massenet a quarante-deux ans, sa réputation est établie ; *Manon*, son premier incontestable chef-d'œuvre, lui apporte la consécration. À partir du roman de l'abbé Prévost, sérieusement édulcoré, Massenet a su dessiner un portrait de femme d'une finesse et d'une séduction extrêmes : ingénue ravissante mais incapable de résister à ses désirs, à ses caprices, Manon traverse avec grâce ce monde pittoresque et galant du XVIIIe siècle. Elle fait souffrir, sans doute, mais c'est sans le vouloir. Elle ne croit qu'à la jeunesse, à l'amour, aux bijoux, à tout ce qui brille, mais elle sait enjôler quand il faut et la musique de Massenet raconte, mieux encore que le livret, cette sensualité diffuse, ce charme, cette tendresse un rien nostalgique, cette passion amoureuse. Avec *Manon*, Massenet conquiert ce titre tout à fait justifié de « musicien de la femme ».

L'année suivante, *le Cid,* composé pour le célèbre Jean de Reszké, ne montre guère la prédisposition de Massenet à traiter l'héroïsme cornélien, mais contient néanmoins un des plus beaux airs de soprano de l'opéra français du XIXe siècle : « Pleurez mes yeux ». De même *Esclarmonde*, composé pour Sybil Sanderson, une soprano aux capacités exceptionnelles, et créé à l'occasion de l'Exposition universelle de 1889, reste un ouvrage sans doute spectaculaire mais aujourd'hui peu joué, d'une part du fait de la difficulté de trouver l'interprète adéquate pour le rôle-titre (qui monte jusqu'au contre-sol !), d'autre part parce que cette atmosphère ne touche plus guère notre sensibilité.

Manon.
Catherine Malfitano.
Mise en scène
Jean-Marie Simon.
Grand Théâtre
de Genève, 1989.
Photo © M. Vanappelghem.

WERTHER ET CHARLOTTE

Werther, en revanche, reste avec *Manon* l'ouvrage le plus populaire de Massenet. Sa veine en est fort différente : à l'intimisme de l'un répond le romantisme exacerbé de l'autre. Créé à Vienne puis repris l'année suivante à l'Opéra-Comique, *Werther*, qui suit assez fidèlement le texte de Goethe, semble une œuvre plus forte que *Manon* : un puissant souffle dramatique y soulève toute la partition, donne à l'orchestre une place essentielle, pousse les voix à une vérité expressive, du moins en ce qui concerne les deux protagonistes. Sans doute les autres personnages sont-ils quelque peu inconsistants, mais les duos de Werther et Charlotte, l'invocation à la nature et le célèbre lied d'Ossian, le douloureux monologue de Charlotte torturée par cet amour qui la ronge, qu'elle repousse et dont elle pressent la charge fatale, toutes ces pages font de *Werther* un des plus beaux, un des plus émouvants opéras français du XIXe siècle.

Avec *Thaïs*, Massenet retrouve la veine d'*Hérodiade*, sur un sujet jugé très « amoral », tiré d'Anatole France, parsemé de belles pages, de l'invocation d'Athanaël devant Alexandrie à l'air du miroir que chante Thaïs à l'acte II, sans oublier la fameuse « Méditation », redoutée des premiers violons qui doivent la jouer en soliste. Encore une fois, Massenet montre là son art du renouvellement comme il le fera à travers tous ses ouvrages, de *la Navarraise*, secouée de violence naturaliste, au *Jongleur de Notre-Dame*, sorte de « mistère » saint-sulpicien ou à *Don Quichotte*, créé à l'Opéra de Monte-Carlo par Chaliapine.

Massenet a beaucoup composé, il a beaucoup été critiqué : toutes ses œuvres ne sont pas indispensables, toutes ces critiques ne sont pas toujours fondées. Mais ne serait-ce que pour *Manon* et *Werther*, il mérite sa place de premier plan dans les histoires de l'opéra.

Werther.
Béatrice Uria-Monzon
(Charlotte),
Roberto Alagna (Werther).
Mise en scène Nicolas Joël.
Théâtre du Capitole
de Toulouse, 1997.
Photo © G. Bouquillon.

Hamlet, acte I.
Esquisse de décor
de Philippe Chaperon, 1896.
Paris, Bibliothèque
musée de l'Opéra.
Archives Larbor.

L'OPÉRA FRANÇAIS À LA FIN DU XIXe SIÈCLE

Ils sont nombreux, les petits maîtres de l'opéra français qui se pressent à la fin du XIXe siècle. Si aucun n'a laissé d'œuvre marquante, tous ont pourtant inscrit leur nom dans ce panthéon lyrique grâce à un ou deux ouvrages qu'on entend encore parfois sur une scène française ou étrangère.

C'est le cas par exemple d'Ambroise Thomas (1811-1896). D'un académisme farouche, il ne voulut jamais se départir d'un style imité d'Auber, parvenant pourtant à le dépasser à deux reprises : la première fois avec *Mignon*, qui triompha à l'Opéra-Comique en 1866 (et devait y connaître sa millième représentation dès 1894), essentiellement du fait d'une orchestration raffinée, d'une délicatesse mélodique sans doute un peu mièvre mais en accord avec l'époque, et de deux airs qui demeurent dans les mémoires, celui de Mignon, « Connais-tu le pays... », et l'éblouissante « polonaise » de Philine, à la virtuosité confondante. L'autre ouvrage à retenir d'Ambroise Thomas est *Hamlet* qui, en 1868, devait donner à Christine Nilsson (et à nombre de sopranos, y compris Maria Callas) l'occasion de briller dans l'étourdissante scène de folie d'Ophélie.

Édouard Lalo (1823-1892) est, lui, le compositeur d'un seul opéra, *le Roi d'Ys*, créé en 1888, à partir de la légende bretonne de la ville engloutie. Aujourd'hui bien oublié, c'est pourtant un ouvrage de haute tenue, au tissu symphonique extrêmement riche (dans la filiation du *Fidelio* de Beethoven), à l'écriture instrumentale incisive, avec un traitement de la voix très épuré, porté par une tension constante où la recherche de la vérité expressive semble prendre le pas sur la séduction mélodique. Assurément l'influence de Wagner est présente, dans le dessin des personnages, dans l'épaisseur tragique de leurs rapports, mais l'invention de Lalo se manifeste à plus d'un égard, dès l'ouverture, d'une richesse dramatique saisissante, puis dans l'air de Margared (« Lorsque je t'ai vu soudain »), d'une puissance et d'une véhémence peu communes, en passant par le charme de l'aubade de Mylio (« Vainement, ma bien-aimée »), jusqu'à l'engloutissement de la ville dans les flots de la mer au dernier acte. Chef-d'œuvre aujourd'hui oublié, *le Roi d'Ys* ne demande qu'à renaître.

Avec Léo Delibes (1836-1891), le problème est différent : on connaît bien ses ballets, *Sylvia* et surtout *Coppélia*, mais pratiquement pas ses opéras, à l'exception d'un seul, resté célèbre depuis sa création en 1883, *Lakmé*. Tiré d'un roman de Pierre Loti, *Lakmé*, qui raconte l'histoire d'un amour impossible entre un officier anglais et la fille d'un brahmane, a été l'un des plus grands succès de l'opéra-comique français à la fin du XIXe siècle. Sans doute le fameux « air des clochettes », d'une virtuosité époustouflante pour l'héroïne, soprano colorature, a-t-il fait beaucoup pour la popularité de l'œuvre, mais il serait injuste de réduire *Lakmé* à ce seul morceau de bravoure. Tout au long de cet ouvrage au charme désuet (comme les romans de Pierre Loti précisément), Delibes fait montre d'une inépuisable ressource mélodique, avec une élégance dans le dessin des lignes, une souplesse de l'écriture vocale et un réel pouvoir d'émotion. Alors, pourquoi se priver de ces plaisirs au parfum délicieusement suranné ?

On pourrait encore citer quelques-uns des compositeurs français de ces dernières années du XIXe siècle qui marquent la fin d'une esthétique, d'Ernest Reyer (1823-1909) dont *les Sigurd* ou *Salammbô* ont aujourd'hui disparu des mémoires, à Alfred Bruneau (1857-1934) dont *le Rêve* d'après Zola fit sensation en 1888, autant que *l'Attaque du moulin* en 1893, avant de disparaître tout à fait. Le cas de Gustave Charpentier (1860-1956) est différent : on ne

Hamlet. Natalie Dessay, Simon Keenlyside, Kathryn Harries. Mise en scène Patrice Caurier et Moshe Leiser. Grand Théâtre de Genève, 1996.
Photo © J. Straesslé.

connaît son nom que pour son premier opéra, *Louise,* un « roman musical » (selon le sous-titre voulu par le compositeur) encore affiché régulièrement sur de nombreuses scènes. Est-ce pour autant un chef-d'œuvre impérissable ? Il y a sans doute quelques belles pages dans *Louise*, l'épisode pittoresque des « cris de Paris », l'air de Louise, au lyrisme épanoui (« Depuis le jour »), la scène du couronnement de la Muse de Montmartre, mais il y a aussi beaucoup de longueurs, et une sincérité un peu pontifiante. Témoignage d'une époque, l'œuvre a encore des défenseurs, sensibles à ce charme impressionniste et ouvriériste : pourquoi pas ? Créée le 2 février 1900, *Louise* marque quoi qu'il en soit la fin d'une époque. Déjà le XXe siècle commence.

Lakmé.
Mise en scène Gilbert Blin. Paris, Opéra-Comique, 1995.
Photo © C. Masson/Enguerand.

L'Enfant et les sortilèges.
Mise en scène Moshe Leiser
et Patrice Caurier.
Opéra national de Lyon, 1990.
Photo © G. Amsellem.

LE RENOUVEAU

L'opéra français du XXᵉ siècle a été marqué par une œuvre créée en 1902 à l'Opéra-Comique, qui reste aujourd'hui encore une référence essentielle de l'histoire de l'opéra : *Pelléas et Mélisande*. Claude Debussy (1862-1918), dont ce sera la seule incursion achevée dans le domaine de l'opéra (ses autres essais, de *Rodrigue et Chimène* à *la Chute de la maison Usher*, restant inachevés), innove radicalement avec cet ouvrage dont le langage surprend, suscite des polémiques et des rejets, provoquant même un scandale lors de sa création. S'inscrivant dans la filiation wagnérienne, par l'importance du message dramatique véhiculé par l'orchestre, et du fait de l'utilisation des leitmotive, d'ailleurs plus picturaux que véritablement signifiants, *Pelléas et Mélisande* prend appui sur le drame de Maurice Maeterlinck.

L'histoire est celle d'une jeune femme dont on ne sait rien, Mélisande, qu'a épousée un veuf, Golaud, lequel a un demi-frère plus jeune que lui, Pelléas. Et Mélisande va se sentir irrésistiblement attirée par Pelléas, sous le regard jaloux de Golaud, qui finit par le tuer. Mélisande donne naissance à une petite fille et meurt. Tout se passe dans un univers symbolique crépusculaire et flou, conférant à cet opéra son caractère insolite et unique. Debussy d'ailleurs a revendiqué pleinement cet effet : « Je voudrais que la musique ait l'air de sortir de l'ombre et que, par instants, elle y rentrât. » Pourtant, le plus surprenant pour l'époque, et le plus neuf, a sans doute été cette déclamation lyrique très particulière, sorte de « récitatif mélodique » impressionniste qui traduit une volonté de « musicaliser » la langue pour exprimer les secrets qui dorment derrière les mots. Aujourd'hui, *Pelléas et Mélisande* est un classique, toujours sujet à discussions, entre ceux qui y voient l'aboutissement de l'art lyrique et ceux qui le rejettent comme une impasse ennuyeuse...

Après ce chef-d'œuvre, plusieurs compositeurs français se sont à leur tour essayés à l'art lyrique. D'abord Paul Dukas (1865-1935) qui, en 1907, offre *Ariane et Barbe-Bleue*, composé sur un livret de... Maurice Maeterlinck. C'est une œuvre ambitieuse, pétrie de symboles, opposant Ariane, porteuse de la lumière et de la vérité, à Barbe-Bleue, et son monde obscur et primitif. Mais Ariane n'est pas entendue par les femmes de Barbe-Bleue qui préfèrent demeurer prisonnières plutôt que d'affronter le dehors, la lumière, la vérité. La partition est puissamment architecturée et si la référence à Debussy est manifeste (une des femmes de Barbe-Bleue s'appelle d'ailleurs Mélisande !), l'écriture orchestrale, par sa richesse symphonique et la rutilance de ses sonorités est aussi influencée par Richard Strauss.

Autre opéra français important de cette période, celui de Gabriel Fauré (1845-1924), *Pénélope*. Créé en 1913, c'est un ouvrage dont le prélude reste une des très belles pages symphoniques du compositeur et où l'écriture vocale, oscillant entre l'arioso et la mélodie lyrique tissée à un orchestre transparent, permet le développement harmonieux d'un beau sujet, celui de la victoire de l'intelligence et de l'amour sur la veulerie.

Maurice Ravel (1875-1937) s'inscrit lui aussi dans l'histoire de l'opéra avec deux brefs ouvrages, *l'Heure espagnole*, composé en 1907 sur un livret de Franc-Nohain, sorte de comédie en musique remarquable par son orchestration raffinée et son éblouissant quintette final, et surtout, en 1925, *l'Enfant et les Sortilèges*, sur un livret de Colette, féerie où les objets se métamorphosent, révélant, derrière la fantastique virtuosité d'écriture, un sens du rêve et un lyrisme naturel chez Ravel, peut-être bridé par un certain néoclassicisme d'époque. Le même néoclassicisme caractérise Albert Roussel (1869-1937), grand admirateur de Lully et de Rameau, dont *Padmâvati*, un ouvrage créé en 1923 et inspiré d'un épisode de l'histoire des Indes au XIIIe siècle, laisse un rôle essentiel à l'orchestre et à la chorégraphie et atteint dans le rituel de mort du Finale à une véritable beauté tragique.

Darius Milhaud (1892-1974) compose, lui, quelque seize ouvrages lyriques, avec un éclectisme certain, tant dans le choix des sujets que dans la manière de les traiter. Après *la Brebis égarée* sur un texte de Francis Jammes, *l'Orestie*, sur un texte de Paul Claudel, il participe à la fondation du groupe des Six et compose en 1924 *les Malheurs d'Orphée*, un opéra de chambre pour deux solistes, ou encore, en 1926, *le Pauvre Matelot* sur un livret de Jean Cocteau. Tiré d'un fait divers réel, *le Pauvre Matelot* raconte le retour d'un marin, fortune faite, revenant chez sa femme qui, après quinze ans d'absence, ne le reconnaît pas. Pour l'éprouver, il se fait passer pour un riche ami de son mari qui, resté pauvre, dit-il, va revenir bientôt. La nuit, la femme l'assassine pour lui voler son argent et en faire profiter son mari dès son retour. Sur un ton de chanson de marin, avec un lyrisme de complainte, cet opéra de chambre suscite une véritable émotion et reste d'ailleurs le plus célèbre de tous les opéras du compositeur.

En 1927, Milhaud crée trois ouvrages très brefs, de six à huit minutes chacun, qu'il appelle des « opéras minute », mais le point culminant de son œuvre lyrique voit le jour en 1930 avec *Christophe Colomb*, sur un livret de Claudel. Ouvrage complexe, en 27 tableaux, incluant même des séquences cinématographiques et requérant deux chanteurs pour le rôle-titre, une basse (Colomb âgé) dialoguant avec un baryton (Colomb jeune), son écriture luxuriante, touffue, ses dimensions et son effectif rappellent le « grand opéra » français, mais cette richesse a tendance à submerger l'auditeur et si la partition représente un véritable renouvellement de l'art lyrique, elle n'en reste pas moins d'un accès difficile.

Pelléas et Mélisande.
**Frederica von Stade et Richard Stilwell.
Mise en scène Jorge Lavelli.
Opéra national de Paris, 1977.**
Photo © M. Szabo.

Dialogues des carmélites.
Anne-Sophie Schmidt
(Blanche de La Force),
Patricia Petibon (Sœur
Constance).
Mise en scène Marthe Keller.
Opéra national du Rhin, 1999.
Photo © A. Kaiser.

LES CONTEMPORAINS

Saint François d'Assise.
Mise en scène Peter Sellars.
Opéra national de Paris, 1992.
Photo © F. Kleinefenn.

Après la Seconde Guerre mondiale, l'opéra français ne suscite plus guère de créations marquantes et les ouvrages d'Henri Sauguet, Jean-Michel Damase ou Claude Prey ne semblent pas destinés à marquer l'histoire de l'art lyrique. *Œdipe* d'André Boucourechliev, sur un livret d'Hélène Cixous, *Roméo et Juliette* de Pascal Dusapin, sur un poème d'Olivier Cadiot, ou *60ᵉ Parallèle* de Philippe Manoury, malgré leurs esthétiques renouvelées, ne sont pas mieux parvenus à atteindre un public dépassant le cadre des mélomanes très avertis.

Trois compositeurs pourtant se distinguent dans l'histoire de la création lyrique française de cette seconde moitié du XXᵉ siècle : Francis Poulenc, Marcel Landowski et Olivier Messiaen. C'est tardivement que Francis Poulenc (1899-1963) vient à la scène lyrique, avec *les Mamelles de Tirésias*, en 1947, un opéra-bouffe complètement surréaliste composé à partir du poème d'Apollinaire, qui lui permet de laisser libre cours à une fantaisie musicale débridée en même temps qu'à des traits de fine ironie, des envolées lyriques et une sorte de poésie fantasque. Tout autre est son opéra majeur, créé à la Scala de Milan en 1957, sur un texte de Bernanos : *Dialogues des carmélites*. La grande réussite de Poulenc est d'avoir su composer un ouvrage dont la résonance spirituelle autant que la puissance dramatique n'ont guère d'exemple, faisant alterner des pages tragiques (la bouleversante mort de la prieure) à des pages plus légères (la plupart des scènes avec la jeune sœur Constance), avec un constant naturel de l'écriture mélodique, un naturel qui transcende n'importe quelle convention, porté par un orchestre riche mais jamais envahissant, créant des décors sonores et poussant les voix à leur accomplissement expressif. Racontant simultanément l'histoire poignante d'une aventure individuelle, celle de Blanche, et d'un destin collectif, celui des carmélites, l'opéra progresse par degrés, avec, comme dans *Pelléas*, des interludes symphoniques concentrant les tumultes intérieurs des personnages, et culmine dans une des plus bouleversantes scènes de l'art lyrique. Sur la place de Grève, les carmélites montent l'une après l'autre à l'échafaud, en chantant le *Salve regina* et, chaque fois que l'une disparaît, on entend le bruit sinistre du couperet de la guillotine, comme un rythme obsédant, alors que les voix s'éteignent une à une, jusqu'à ce qu'il ne reste que la voix seule de Blanche, que le couperet brise à son tour, laissant un silence béant. Difficile de ne pas être bouleversé par une telle scène.

LANDOWSKI

Marcel Landowski, né en 1915, disciple d'Arthur Honegger, est un compositeur humaniste profondément engagé dans les combats de son temps, profondément engagé aussi dans une réflexion philosophique sur les rapports de l'homme avec le monde. Ses opéras reflètent bien évidemment ces préoccupations et, dès *le Rire de Nils Halérius* en 1951, il affirme sa foi positive dans le devenir humain en réfutant par l'absurde le scepticisme contemporain. Utilisant, à l'intérieur de ce premier ouvrage, des formes différentes, il préfigure ce qu'il va développer dans ses opéras suivants, *le Fou* en 1956, peut-être son chef-d'œuvre, autour du problème des pouvoirs destructeurs de la science, *le Ventriloque* (1957), *les Adieux* (1960), *l'Opéra de poussière* (1962) et, plus récemment, l'admirable *Montségur* (1985) et *Galina* (1995). Résolument à l'écart du sérialisme et de ses avatars, sans pour autant se réfugier dans le néoclassicisme, Marcel Landowski croit aux pouvoirs de l'émotion dans l'art lyrique, sans pour autant oublier qu'il écrit au XXe siècle, dans une époque où les langages sont en constante évolution. C'est ce qui en fait à la fois un compositeur moderne et un compositeur accessible au public auquel s'adressent ses messages.

MESSIAEN

Olivier Messiaen (1908-1992) n'a écrit qu'un seul opéra, *Saint François d'Assise,* créé en 1983 à l'Opéra de Paris qui le lui avait commandé. Ces « scènes franciscaines » (c'est le sous-titre indiqué par le compositeur) en 3 actes et 8 tableaux, sur un poème de Messiaen lui-même, ne développent aucune action et ne visent à illustrer que « les progrès de la grâce dans l'âme de saint François ». Autant dire qu'il s'agit plus d'un oratorio illustré que d'un véritable opéra. Pourtant, les diverses scènes proposent des visions parfois assez saisissantes et des développements musicaux qui semblent constituer une sorte d'apothéose de l'écriture habituelle de Messiaen. L'ensemble, d'une durée très supérieure à la moyenne d'un opéra (plus de quatre heures), provoque des distorsions dans la perception du temps (en particulier dans le « Prêche aux oiseaux ») et peut séduire si l'on se laisse emporter par ce vaste mouvement à l'indéniable somptuosité sonore. Est-ce pour autant un opéra ? La question reste posée. Mais, pour les compositeurs français comme pour les autres, la question de l'opéra et de son essence demeure en suspens en cette fin de XXe siècle.

Montségur.
Mise en scène Nicolas Joël.
Opéra national de Paris, 1987.
Photo © J. Moatti.

LES AUTRES ÉCOLES NATIONALES

À côté des opéras italien, allemand et français, l'opéra russe, qu'inaugure Glinka en 1836, a connu un rapide développement avec Moussorgski, dont le *Boris Godounov* demeure un des chefs-d'œuvre de toute l'histoire de l'opéra, mais aussi avec Borodine, Rimski-Korsakov ou surtout Tchaïkovski, chez qui le romantisme slave, son lyrisme passionné, ses langueurs fatales, trouvent son expression la plus vibrante, puis, après Stravinsky et Prokofiev, avec Chostakovitch au XXe siècle. L'opéra anglais, lui, né en 1689 avec *Didon et Énée* de Purcell, disparaît durant deux siècles et demi, avant que Britten ne le fasse renaître en 1945. L'opéra tchèque, en revanche, s'appuie sur une continuité, ouverte, en 1866 seulement, par Smetana, mais poursuivie par Fibich, Dvořák, Janáček. De même l'opéra polonais, s'il doit attendre Moniuszko pour exister vraiment, à partir de 1858, se perpétue encore aujourd'hui avec un Penderecki. Comme l'opéra hongrois, dont le compositeur majeur, Ferenc Erkel, s'impose en 1840, mais que prolongent les Bartók, Kodály ou Ligeti. Existe-t-il en revanche un opéra espagnol autre que ce genre spécifique de la zarzuela ? De la même manière, mis à part *Porgy and Bess*, existe-t-il un opéra américain aussi vivant que la comédie musicale ?

Magyar Allami Operahaz de Budapest.
Photo © Moatti/Kleinefenn. Sipa Press.

L'OPÉRA RUSSE

Eugène Onéguine.
Nuccia Focile (Tatiana)
et Dmitri Hvorostovsky
(Onéguine).
Mise en scène Adolf Dresen.
Paris, Théâtre du Châtelet, 1992.
Photo © M.N. Robert.

L'opéra russe apparaît tardivement avec Mikhaël Glinka (1804-1857) dont *Ivan Soussanine*, en 1836, marque une date irréversible. Non qu'on n'ait jamais joué d'opéra en Russie auparavant, mais il s'agissait essentiellement d'ouvrages italiens ou français. En fait, ce titre original, évoquant un personnage bien réel, celui d'un moujik qui, en 1612, s'était sacrifié pour sauver le tsar, est transformé aussitôt après la première représentation, sur une suggestion de Nicolas Ier, en *Une vie pour le tsar*, ne retrouvant son titre premier que durant la période soviétique. Si les aristocrates font la fine bouche devant ce qu'ils désignent comme « de la musique de cocher », le public et le tsar eux, lui font un triomphe. Jusqu'en 1913, il ouvrira chaque saison d'opéra, à Moscou comme à Saint-Pétersbourg. Puis, Glinka compose *Russlan et Ludmila*, d'après un poème fantastique de Pouchkine ; mais sa création, en 1842, est un échec. Quand il meurt à Berlin quinze ans plus tard, Glinka est déjà, et à jamais, considéré comme le « père de l'opéra russe ».

LE GROUPE DES CINQ

C'est le groupe des Cinq qui va prendre la relève de Glinka. À l'intérieur du groupe, César Cui et Balakirev ne s'intéressent guère à l'opéra, mais Borodine, Moussorgski et Rimski-Korsakov, vont en enrichir l'histoire. Pour Alexandre Borodine (1813-1887), cet enrichissement se limite, à dire vrai, à un seul opéra, sur lequel il travaille dix-huit ans et qu'il laisse inachevé, *le Prince Igor*, complété par Rimski-Korsakov et Glazounov, et créé en 1890. Composé à partir d'une chanson de geste russe du XIIIe siècle, c'est une épopée d'une inspiration musicale exceptionnelle, avec quelques morceaux de bravoure dont les fameuses *Danses polovtsiennes*, pour chœur et orchestre. Sans plus aucune influence italienne ou française, *le Prince Igor* affirme – et avec quel éclat ! – la puissance musicale de l'âme russe dans l'art lyrique.

Né dans une très vieille famille russe, Modest Moussorgski (1839-1881), a reçu une éducation très sérieuse, à l'européenne. Mais son tempérament révolté le pousse à dépasser les codes culturels et esthétiques, pour atteindre une expressivité essentielle et développer la fonction de communication de la musique. *Boris Godounov*, composé d'après le drame de Pouchkine, lui offre un sujet de grande envergure propre à affirmer son sens dramatique et à porter à la scène cette synthèse du lyrisme et du réalisme, ce chant jailli de la parole, objet de ses recherches. Le résultat, d'abord refusé par le théâtre Mariinski, plusieurs fois remanié, sera finalement créé en 1874, avant d'être interdit après vingt-cinq représentations.

L'opéra se présente comme une suite de tableaux à la chronologie éclatée, décrivant l'existence tourmentée de Boris Godounov. Les complots des boyards, le poids de l'Église, un remords obsédant, la guerre avec la Pologne, les intrigues d'un autre prétendant au trône, tout se croise et se tisse en une fresque somptueuse, traversée de soubresauts violents, scandée de vastes chœurs populaires, expression du peuple russe. Mais le rôle-titre concentre l'attention, du monologue de l'acte II dans lequel le tsar, rongé par la faute et la peur du châtiment, en proie à des hallucinations, s'effondrer en implorant la clémence divine, à cette scène poignante de la mort où il fait ses adieux à son fils et à la vie pendant que les voix d'un chœur religieux semblent se rapprocher inexorablement.

Après cet absolu chef-d'œuvre, Moussorgski s'attelle à un nouveau drame historique, la Khovantchina, laissé presque achevé mais non orchestré, de même qu'il n'aura pas non plus le temps de composer plus de la moitié de son dernier opéra, la Foire de Sorotchinski. Rongé par la maladie, il meurt à quarante-deux ans.

Nikolaï Rimski-Korsakov (1844-1908), ami fidèle de Moussorgski, va s'attacher à perpétuer son œuvre en orchestrant Boris Godounov ou la Khovantchina, un peu trop à sa manière, lui a-t-on reproché plus tard. Comment d'ailleurs aurait-il pu en être autrement de la part d'un compositeur tout à la fois fécond, généreux et doué précisément pour ces orchestrations riches et chatoyantes qui constituent la caractéristique de ses propres ouvrages lyriques ? Pourtant, s'il a composé quinze opéras, aucun ne s'est véritablement imposé au répertoire hors de Russie. De la Pskovitaine à la Nuit de mai, Rimski-Korsakov signe nombre d'ouvrages d'une facture toujours soignée, avec des couleurs à profusion, sans peut-être que la flamme dramatique s'y impose vraiment. Avec Sadko (1898), il offre pourtant un authentique chef-d'œuvre, avec des airs devenus fameux, du « chant du Viking » à celui du « marchand hindou ». Il donne encore les Contes du tsar Saltan (1900), d'après Pouchkine, dont, sans le savoir, tout le monde connaît au moins un air devenu célébrissime dans ses multiples transcriptions instrumentales, celui du... « Vol du bourdon » ! Ses deux derniers chefs-d'œuvre, la Légende de la ville invisible de Kitèje (1903), et l'opéra-bouffe le Coq d'or (1909), confirment la richesse et la variété d'inspiration de Rimski-Korsakov, rendant plus incompréhensible encore sa méconnaissance en Occident.

TCHAÏKOVSKI

Plus connu en France pour son œuvre orchestrale, riche et variée (symphonies, concertos et trois fameux ballets), Piotr Illitch Tchaïkovski (1840-1893) s'est aussi illustré dans le domaine de l'opéra et lui-même se considérait d'abord comme un compositeur lyrique. Pourtant, de ses dix ouvrages, seuls deux sont connus et joués régulièrement hors de Russie : Eugène Onéguine et la Dame de pique.

Créé en 1879, Eugène Onéguine est tiré d'un poème de Pouchkine qui oppose le portrait d'un homme déchiré entre ses pulsions et ses obligations, Onéguine (reflet de Tchaïkovski lui-même, déchiré par son homosexualité vécue honteusement), au portrait d'une pure jeune fille romantique, exaltée, emportée par sa passion, Tatiana. L'atmosphère de la campagne russe d'abord, celle de Saint-Pétersbourg ensuite, les désarrois parallèles des protagonistes, la figure douloureuse de Lenski, l'ami poète, (qu'Onéguine tue en duel comme pour effacer son double), tout est traduit par Tchaïkovski avec une finesse de touche, une prenante beauté mélodique qui n'exclut pas la déclamation passionnée, et un langage orchestral d'une grande subtilité. Chef-d'œuvre au lyrisme vibrant, Eugène Onéguine est non seulement cher au cœur des Russes mais c'est un des plus émouvants opéras de l'histoire de l'art lyrique.

Tout aussi émouvant, mais d'une facture différente, est la Dame de pique (1890), encore

Boris Godounov.
Nicolai Ghiaurov (Boris).
Mise en scène Youri Ljubimov.
Scala de Milan, 1980.
Photo © Lelli & Masotti. Archivo fotografico Teatro alla Scala.

Lady Macbeth de Mzensk.
Mise en scène Antoine
Bourseiller. Toulouse,
Théâtre du Capitole, 1991.
Photo © G. Bouquillon.

d'après Pouchkine. À travers l'histoire d'un amour fatal lié à la fascination du jeu, Tchaïkovski quitte le ton romanesque d'*Onéguine* pour peindre, avec une puissance théâtrale exceptionnelle, les tourments d'Hermann, jeune officier sans fortune, amoureux de Lisa, la petite-fille d'une vieille comtesse censée détenir un secret infaillible pour gagner aux cartes. Profondément romantique, au sens le plus complet du mot, *la Dame de pique* réalise un équilibre étonnant entre l'expression amoureuse et celle de l'obsession, la violence et les tableaux pittoresques de la vie à Saint-Pétersbourg, la progression d'une atmosphère tragique, morbide, désespérée et la mise en scène d'une passion ravageuse. Rarement la présence d'un implacable destin, ce *fatum* tchaïkovskien (qu'on retrouve, par exemple, dans sa *VIe Symphonie*), n'est apparu avec une telle puissance à l'opéra, aussi bien dans le chant modelé avec une intensité brûlante sur l'exacerbation des sentiments, que dans la vigueur orchestrale, qui maintient une tension constante d'un bout à l'autre de l'ouvrage.

L'OPÉRA RUSSE AU XXe SIÈCLE

Trois figures s'en détachent, celles de Stravinsky, de Prokofiev et de Chostakovitch. Igor Stravinsky (1882-1971) a connu, pourrait-on dire, plusieurs vies, mais son génie protéiforme, analogue dans la musique à celui d'un Picasso dans la peinture, s'est peu exprimé dans l'opéra. On ne peut pourtant ignorer *le Rossignol*, créé en 1914 ; *Mavra* en 1922, *Renard*, « histoire burlesque chantée et jouée », créé par la compagnie de Serge de Diaghilev à l'Opéra de Paris, ou *Œdipus-Rex* sur un livret de Cocteau traduit en latin par Jean Daniélou, qui crée, en 1927, le genre inédit de l'« opéra-oratorio ». Il faudra attendre 1951 pour découvrir son dernier opéra, *The Rake's Progress* (*la Carrière du libertin*), le seul qui soit encore assez régulièrement joué. Inspiré d'une série de gravures de Hogarth, l'ouvrage, d'inspiration néoclassique, est traversé par un esprit de dérision bouffonne, dont les différents emprunts à Gluck, Mozart, Donizetti ou Gounod, en font un assemblage un peu hétéroclite qui n'impose ni une forme ni une esthétique ni une expression. Comme nombre d'œuvres de Stravinsky, c'est un bel objet scintillant, mais un peu vain.

Serge Prokofiev (1891-1953) renoue, lui, avec la continuité de l'opéra russe. Dès son premier ouvrage lyrique, *le Joueur*, composé en 1916, d'après Dostoïevski, il révèle ses qualités et ses défauts, à savoir une extraordinaire virtuosité d'écriture et une froideur expressive contrastant avec les passions que la musique est censée peindre. La partition est constamment nerveuse, vivante, dynamique mais les personnages sont sans chair et sans émotion. *L'Amour des trois oranges* (1921) le montre tout aussi antiromantique, mêlant le ton de la satire à l'esprit de la commedia dell'arte, avec encore une fois une éblouissante vivacité rythmique caractéristique de son style. Ayant nécessité huit dures années de labeur, *l'Ange de feu*, qui ne sera pas créé du vivant de Prokofiev, est peut-être pourtant son ouvrage majeur, totalement à l'opposé de *l'Amour des trois oranges* par son romantisme noir, son expressionnisme exacerbé, sa démesure et sa violence. Le livret, relatant une histoire de possession démoniaque en Allemagne au XVIe siècle, est évidemment prétexte à cet embrasement musical où la voix tend à une fusion active avec l'orchestre dans une sorte de flamboyante symphonie dramatique.

Après un opéra-bouffe dans l'esprit italien, *les Fiançailles au couvent*, créé en 1946, où l'humour et la simplicité se conjuguent, il entreprend, douze ans durant, une très vaste fresque à partir du roman de Tolstoï, *Guerre et Paix* : avec cinquante-sept rôles, un chœur nombreux, un orchestre fourni, l'ouvrage se donne au milieu du XXe siècle les moyens du « grand opéra » du XIXe, sans vraiment renouveler le genre : l'œuvre impressionne, mais ne convainc pas complètement.

CHOSTAKOVITCH

Laminée par la bureaucratie soviétique, l'imagination artistique n'a guère été au pouvoir en Union soviétique. On ne peut donc que saluer l'effort de Dmitri Chostakovitch (1906-1975) pour tenter de faire vivre un art lyrique russe. Son premier opéra, *le Nez*, d'après Gogol, créé en 1930, raconte avec une verve satirique éblouissante les péripéties d'un nez qui quitte son propriétaire pour vivre sa vie. Mais son chef-d'œuvre lyrique est *Lady Macbeth de Mzensk*. Créé en 1934 avec un grand succès, l'opéra devait pourtant être très vite retiré de l'affiche à la suite d'un article de la *Pravda*, intitulé « Le chaos en guise de musique », inspiré par Staline, à la fois choqué par le réalisme d'une scène d'amour physique et par le modernisme de la partition. Réhabilité en 1963 mais dans une version édulcorée et sous le titre de *Katerina Ismaïlova*, l'opéra n'a retrouvé que récemment sa version originale, avec laquelle il s'est imposé sur les scènes du monde entier. D'une rare puissance dramatique, l'œuvre raconte le drame de Katerina, une jeune femme mariée à un riche marchand, qui étouffe dans un cadre médiocre et est tyrannisée par son beau-père. Devenue la maîtresse d'un commis, Serguei, elle assassine avec son aide le beau-père et le mari. Mais les amants criminels sont confondus et déportés en Sibérie, où Serguei trompe sa maîtresse avec une autre déportée. Katerina se jette alors dans la rivière, entraînant avec elle sa rivale. À la noirceur du livret répond une musique d'une formidable luxuriance expressive, à mi-chemin entre Moussorgski et Berg, avec des airs d'un lyrisme tragique très émouvant, avec des chœurs bouleversants (la plainte des bagnards en route vers la Sibérie), avec aussi un traitement orchestral très varié, allant de la quasi-discrétion à la frénésie. Musique d'une grande force et œuvre d'une beauté douloureuse, *Lady Macbeth de Mzensk* est assurément un des plus grands chefs-d'œuvre lyrique du siècle.

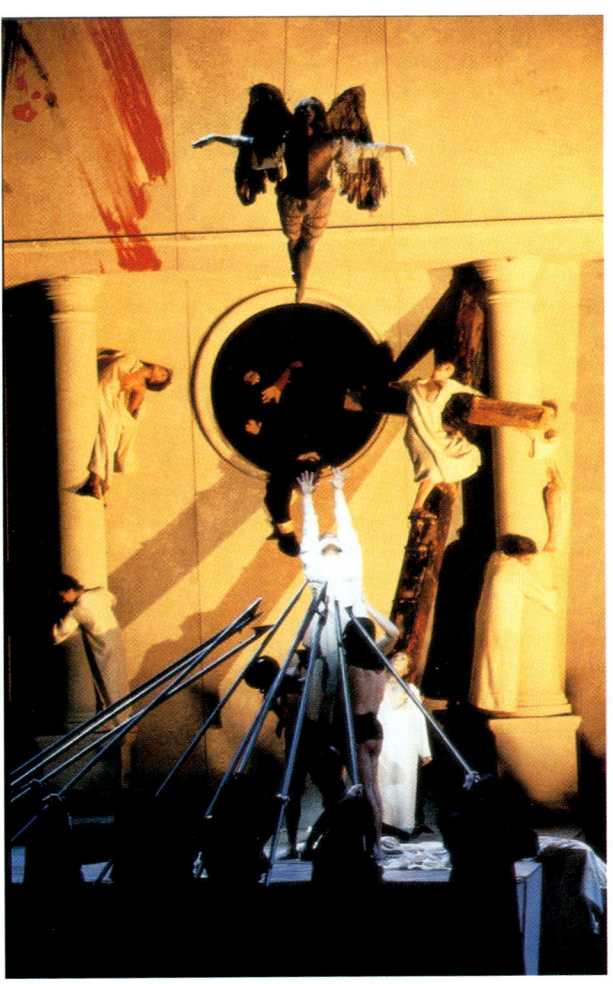

L'Ange de feu.
Mise en scène Andrei Serban.
Opéra national de Paris, 1991.
Photo © Kleinefenn/Moatti.

Peter Grimes.
Jon Vickers (rôle-titre).
Mise en scène Elijah Moshinski.
Opéra national de Paris, 1981.
Photo © D. Faunières.

L'OPÉRA ANGLAIS

L'histoire de l'opéra anglais commence très tôt, avec un des plus grands compositeurs de toute l'histoire de l'art lyrique, Henry Purcell, mais il n'aura pratiquement pas de filiation jusqu'à Britten. Trouvant son origine dans le « masque », œuvre dramatique où les scènes parlées alternent avec des intermèdes chantés et dansés, l'opéra anglais va peu à peu se dégager de cette gangue initiale et trouver sa première expression encore balbutiante avec *Vénus et Adonis* de John Blow – dont, à la création (1684), le rôle de Vénus était chanté par la maîtresse de Charles II, et l'Amour par Lady Mary Tudor, leur fille.

C'est en 1689, avec *Didon et Énée*, que l'opéra anglais connaît sa première réalisation véritable (cf. chapitre 3). Mais ce chef-d'œuvre reste longtemps unique. Car après Purcell, la scène anglaise va être envahie par l'opéra italien, hégémonie encouragée et même attisée par Haendel, dont l'installation en Angleterre n'en fait pas pour autant un compositeur anglais, même s'il est l'auteur de nombre d'oratorios dans la langue de Shakespeare. Exception notable, *The Beggar's Opera (l'Opéra des gueux)* en 1728, curieux « opéra-ballade » constitué de soixante-neuf chansons parodiques collectées et arrangées par un certain Christopher Pepusch (un compositeur allemand !), tient plus de la « revue », en même temps qu'il préfigure *l'Opéra de quat'sous* de Kurt Weill. Au milieu du désert lyrique qui fait suite, en Grande-Bretagne, à la mort de Purcell, on citera seulement, parmi les différents essais apparus durant toutes ces années, l'opéra de Henry Bishop *Clari, the Maid of Milan,* qui n'a en soi aucun intérêt mais dont un air a connu une formidable postérité : « Home, sweet home ».

Il faut attendre le XXe siècle pour assister à une renaissance de l'opéra britannique, avec d'abord Gustav Holst et Ralph Vaughan Williams mais surtout, après la Seconde Guerre mondiale, avec Benjamin Britten.

BRITTEN

À la fois compositeur, chef d'orchestre et pianiste, Benjamin Britten (1913-1976) s'impose dès son premier opéra, *Peter Grimes* (1945), dont le succès va l'inciter à poursuivre sur ce chemin qui en fera un des compositeurs lyriques majeurs du XXe siècle. Sans doute nombre d'influences se croisent-elles dans son écriture, de Purcell à Debussy en passant par Moussorgski, mais elles sont fondues dans un langage expressif jamais figé, très personnel et constamment renouvelé en fonction du drame qu'il veut peindre.

King Priam.
Mise en scène
Antoine Bourseiller.
Opéra de Nancy, 1988.
Photo © Rubinel/Enguerand.

The Fairy Queen.
Mise en scène Adrian Noble.
Festival d'Aix-en-Provence,
1989.
Photo © C. Masson/Enguerand.

Ainsi *Peter Grimes*, tragédie de l'« exclusion », comme on ne disait pas alors, traite de la solitude d'un être en marge contre lequel se dresse toute une collectivité. Le pêcheur Peter Grimes est soupçonné, en effet, d'un crime sadique à la suite de la mort accidentelle de son jeune mousse. Un second mousse, en tombant d'une falaise, poussera le pêcheur au suicide. Le sujet a quelque chose de vériste. Or Britten sait, par le seul pouvoir de la musique, en transcender le réalisme cruel, rendant perceptible le climat, la mer et son infini mystère, la sauvagerie des paysages et la rudesse des caractères qui doivent affronter ces éléments. Les interludes orchestraux deviennent de véritables tableaux expressifs, tandis que le chant parvient à saisir la solitude, le désespoir nu de cet homme labouré par le soc d'un destin qui le broie. Traversé, comme *Didon et Énée*, d'un lyrisme sobre et âpre, cet opéra, qui n'a jamais cessé de bouleverser les publics du monde entier, marque donc avec éclat la renaissance de l'opéra anglais.

Avec *The Rape of Lucretia (le Viol de Lucrèce)*, sujet tragique, solennel, noble, traduit par quelques chanteurs et une douzaine d'instruments, Britten ouvre en 1946 la voie à cette forme de l'« opéra de chambre » qu'il exploitera lui-même à plusieurs reprises. Mais les opéras de Britten vont s'enchaîner avec une variété tant dans les formes que dans les sujets choisis, d'*Albert Herring* en 1947, une amusante satire des mœurs puritaines de la province anglaise, à *Billy Budd* en 1951, autre chef-d'œuvre, encore une histoire de marginal affronté à une collectivité et à son ordre établi (l'action se déroule d'un bout à l'autre sur un navire de guerre du XVIIIe siècle et la distribution est en conséquence exclusivement masculine), ou de *The Turn of the Screw (Tour d'écrou)*, en 1954, chef-d'œuvre subtil, tiré d'une nouvelle fantastique de Henry James, dont le sujet est en quelque sorte la corruption de l'innocence à travers l'étrange attachement de deux enfants pour un serviteur mort, jusqu'à l'ultime opéra de Britten, en 1973, *Death in Venice (Mort à Venise)*, d'après la nouvelle de Thomas Mann (qui, à la même époque, venait d'être portée à l'écran par Visconti).

À côté de Benjamin Britten, il faut mentionner Michaël Tippett (1905-1998), qui peut être considéré comme un des autres rénovateurs de l'opéra britannique. *The Midsummer Marriage* (1955) ou *King Priam* (1962) montrent à la fois un véritable talent dramatique et une écriture d'une luxuriance tendue, parfois obscure. Pourtant, si les opéras de Michaël Tippett ont souvent su toucher le public britannique, ils ne se sont pas vraiment imposés ailleurs.

La Fiancée vendue, de Smetana.
Mise en scène Nicolas Brieger.
Oper Leipzig, 1999.
Photo © A. Birkigt.

L'OPÉRA TCHÈQUE

L'école nationale tchèque peut être considérée comme une des plus importantes d'Europe, du fait autant de la position de carrefour culturel de Prague que du caractère naturellement musicien du peuple tchèque et donc de l'importance de son folklore. C'est de là que partira celui qu'on considère comme le père de cette école nationale tchèque, Bedřich Smetana.
Né en 1824, le jeune homme participe en 1848 aux barricades dressées contre l'armée autrichienne. Exilé en Suède, à Göteborg, où il est engagé, en 1856, comme chef principal de la Société philharmonique, il ne reviendra en Bohême qu'après le départ des Autrichiens, et pour y créer le premier opéra tchèque, *les Brandebourgeois en Bohême*, à Prague en 1866, avec un immense succès, dû autant au langage lyrique national qu'il y déployait, qu'au sujet, évoquant l'expulsion des occupants brandebourgeois, chassés de Bohême au XIIIe siècle, avec un chœur (« Nous ne sommes pas la plèbe, nous sommes le peuple ») qui allait devenir l'équivalent tchèque du « Va pensiero » du *Nabucco* de Verdi. Mais son ouvrage suivant, *la Fiancée vendue*, chef-d'œuvre étincelant de naturel, de lyrisme, gonflé de mélodies et de ces danses issues du folklore de Bohême, les polkas, furiant ou autres skocna tourbillonnantes, avec aussi ce charme fait d'un zeste de mélancolie, d'humour et de poésie, va faire de Smetana une manière de héros musical tchèque.

POLKA ET LIBERTÉ

Sa carrière ne s'arrêtera d'ailleurs pas à ce triomphe et se poursuivra avec *Dalibor* créé en 1868, dont le livret rappelle celui du *Fidelio* de Beethoven. Puis ce sera *Libuše*, dont le sujet est le mariage de la fondatrice de Prague avec un paysan, et dont le finale grandiose fait place aux prophéties de Libuše concernant l'avenir de la nation tchèque promise à une éternelle renaissance. En 1874, avec *les Deux Veuves*, Smetana se tourne vers l'opéra-comique ; puis ce seront le *Baiser* en 1876, *le Secret* en 1878 et *le Mur du Diable* en 1882, que Smetana parvint à achever avec difficulté en dépit de sa surdité et surtout des troubles psychiques qui allaient l'obliger à terminer son existence en 1884 dans un asile d'aliénés.

HUMOUR ET POÉSIE

À la suite de Smetana, Zdeněk Fibich (1850-1900) acquiert dans son pays une renommée qui ne dépassera jamais les frontières. Auteur de quelque sept opéras dont le troisième, *la Fiancée de Messine*, composé – c'est tout un symbole – l'année même de la mort de Smetana, devait connaître un réel succès, Fibich ne donne toute sa mesure qu'à la suite de sa rencontre avec la poétesse Anezka Schulzova, auteur des livrets de ses trois derniers opéras, dont, en 1897, son chef-d'œuvre, *Sarka*, passionnante restitution d'une légende populaire dont l'impact émotionnel s'est révélé considérable sur le peuple tchèque.

La popularité de Fibich devait être éclipsée par celle de son grand contemporain, Anton Dvořák (1841-1904), dont les compositions symphoniques et instrumentales ont fait plus pour sa célébrité internationale que ses opéras. Il en a composé treize, dont plusieurs restent appréciés des tchèques, en particulier *Wanda* (1876), *Dimitri* (1882), une sorte de suite à *Boris Godounov*, et, surtout, *le Diable et Catherine* (1899), un ouvrage très populaire à mi-chemin entre le conte de fées et la comédie villageoise. Le vrai chef-d'œuvre lyrique de Dvořák – et le seul de ses opéras joué hors des frontières tchèques – est *Roussalka* (1901), inspirée d'un conte de La Motte-Fouqué mettant en scène une ondine éprise d'un humain. Pourtant, si la musique de Dvořák est passionnée, d'une grande richesse mélodique, qui culmine avec un « hymne à la Lune » devenu rapidement un morceau de bravoure populaire, *Roussalka* est davantage un opéra post-romantique qu'un ouvrage d'esprit national.

Jenůfa.
Philip Langridge (Laca), Roberta Alexander (Jenůfa). Mise en scène Nikolaus Lehnhoff. Glyndebourne Festival Opera, 1989.
Photo © G. Gravett.

Avec Leoš Janáček (1854-1928), le véritable grand continuateur de Smetana, on voit se prolonger l'école nationale tchèque dans un esprit qui rappelle celui de Moussorgski. Si son premier opéra important, *Jenůfa*, est créé avec succès à Brno en 1904, il faudra attendre 1916 pour le voir représenter à Prague – avec un triomphe assez inattendu, qui devait faire soudain découvrir l'existence du compositeur, lequel a déjà soixante-deux ans ! À *Jenůfa*, douloureuse et terrible histoire d'infanticide dans un univers paysan, Janáček va donner son pendant dans l'univers de la petite bourgeoisie de province avec la non moins terrible *Katya Kabanova* (1920), autre histoire étouffante qui se conclut par un suicide. Mais c'est avec *la Petite Renarde rusée* (1923) que Janáček sort complètement des sentiers battus. Le sujet, qui établit un parallèle métaphysique entre les hommes et les animaux, donne lieu à un pur chef-d'œuvre de limpidité musicale, de fraîcheur panthéiste, de foi en la vie aussi. Après cette éblouissante réussite, il donnera encore *l'Affaire Makropoulos* (1926), sur un livret étonnant qui raconte l'histoire d'une femme âgée de plus de trois cents ans à la recherche de la formule perdue de l'élixir auquel elle doit sa longévité, avant son ultime chef-d'œuvre, un opéra sombre et bouleversant, tiré du fameux roman-témoignage de Dostoïevski, *De la maison des morts*. Il y a dans ce dernier opéra comme un concentré de sa pensée, résumée par cette phrase qu'il a inscrite en tête de sa partition : « En chaque être humain, aussi perdu qu'il puisse être, demeure une étincelle divine ».

Même si on ne peut oublier de mentionner Bohuslav Martinů, auteur de *Julietta* (1937), ce sont pourtant Smetana et Janáček qui restent les deux grands représentants de l'opéra tchèque.

Dalibor.
Emmy Destinn et Ernst Kraus. Berlin, 1915.
Photo © Zander & Labisch.
Collection A. Tubeuf.

Les Diables de Loudun.
Mise en scène
Albert-André Lheureux.
Opéra royal de Wallonie, 1985.
Archives du théâtre.

L'OPÉRA POLONAIS

À dire vrai, l'opéra polonais est pratiquement inconnu hors de Pologne. C'est dommage, car il recèle quelques trésors qui feraient le bonheur de bien des scènes à travers le monde. Comme dans de nombreux pays européens aux XVIIe et XVIIIe siècles, ce sont d'abord des opéras italiens qu'on joue à Cracovie ou à Varsovie où le premier théâtre d'opéra (qui est aussi le premier théâtre public en Pologne) n'ouvre qu'en 1725. C'est seulement en 1778 qu'est créé le premier opéra polonais, *Nedza uszczesliwiona (la Misère rendue heureuse)*, d'un certain Maciej Kamienski (1734-1821).

Jozef Elsner (1769-1854), le professeur de Chopin au Conservatoire de Varsovie, compose au début du XIXe siècle quelque trente deux ouvrages, dont le genre s'étend de l'opéra au vaudeville en passant par l'opéra-ballet, parmi lesquels *Andromeda*, créée en 1807 en l'honneur de Napoléon, qui assiste, le 14 janvier 1807, à la deuxième représentation, en suivant le spectacle à l'aide d'une traduction française.

Autre compositeur polonais marquant de cette époque, Karol Kurpinski (1785-1857) est l'auteur de nombreux ouvrages lyriques dont le plus célèbre, *le Château de Czorsztyn* (1819), est encore parfois joué sur les scènes polonaises.

MONIUSZKO

Mais c'est Stanislaw Moniuszko (1819-1872) qui va, pour les Polonais, incarner l'équivalent de Verdi pour les Italiens. Après des études à Varsovie, Minsk et Berlin, il s'installe à Vilnius et compose plusieurs opérettes, de *la Carmagnole ou Les Français aiment s'amuser* à *la Loterie* ou au *Nouveau Don Quichotte*. La création en 1858 à Varsovie de son premier opéra, *Halka*, va attirer l'attention sur lui : car le succès est immense et l'œuvre est aussitôt désignée comme « le premier véritable opéra polonais », c'est-à-dire le premier qui, sans démarquer les styles italien ou français, offre à la Pologne une couleur nationale, un style propre. Porté par une musique riche en mélodies qui semblent issues du folklore (alors qu'elles sont entièrement écrites par Moniuszko), l'opéra évoque le drame d'une paysanne, Halka, séduite par un jeune noble qui lui a promis le mariage, mais qui en épouse finalement une autre, Zofia, la fille du sénéchal. Terrassée de douleur, Halka songe à incendier l'église où le mariage du traître est célébré, mais elle se tue finalement en se jetant dans la rivière. Des airs pathétiques, des scènes colorées, une ardeur sentimentale exprimée avec fougue, des chœurs claquants et des danses tourbillonnantes : tout est réuni pour faire de *Halka* un succès qui ne s'est jamais démenti en Pologne où l'œuvre continue d'être jouée pratiquement chaque saison. Nommé directeur de l'Opéra de Varsovie, Moniuszko contribue alors à y faire connaître nombre de compositeurs polonais, tout en poursuivant sa propre activité. Car le peuple polonais applaudit tous ses opéras, en particulier *Flis, Hrabina* (la Comtesse), *Verbum nobile* et surtout, en 1865, son chef-d'œuvre, *le Manoir hanté*. Composée après l'échec de la révolte des Polonais contre l'occupant russe, en 1864, cette souriante histoire d'amour et de complot de fantômes, avec un merveilleux air de ténor (l'air « du carillon ») et une mazurka très populaire, s'impose aussi comme une exaltation de la fierté polonaise. Les accents de ce nationalisme flamboyant sont insupportables aux Russes : ils interdisent l'opéra après trois représentations. Il n'en acquiert qu'une plus grande valeur de symbole, superposée à sa richesse musicale réelle. D'ailleurs, il y a quelques années, durant l'essor du syndicat Solidarité, les représentations du *Manoir hanté* suscitaient à l'Opéra de Varsovie des délires d'acclamations, la salle se levant pour applaudir toutes les pages qui pouvaient s'entendre comme une affirmation du sentiment polonais face à l'éternel oppresseur russe... Quoi qu'il en soit, et d'un simple point de vue artistique, on peut s'étonner que des opéras aussi séduisants musicalement que *Halka* ou *le Manoir hanté* ne soient pas plus connus hors de Pologne.

PENDERECKI

Au XXe siècle, le flambeau lyrique est repris par nombre de compositeurs dont on détachera deux figures majeures : celle de Karol Szymanowski (1882-1937), dont au moins *le Roi Roger* (1926) mérite d'être connu pour la richesse de sa musique aux sonorités sans cesse changeantes, dont la texture évoque les orchestrations de Richard Strauss ou des symphonies de Scriabine ; et celle de Krzysztof Penderecki (né en 1933), dont le premier des trois opéras, *les Diables de Loudun* (1969), reste une œuvre marquante du théâtre lyrique des années 1960-1980 par sa structure, par son écriture audacieuse et par la violence dramatique qu'appelle le sujet (un célèbre cas de sorcellerie au XVIIe siècle français).

Pourtant, en consultant les programmes des opéras de Varsovie ou de Lodz, on constate la permanence de Stanislaw Moniuszko : c'est que sa capacité à énoncer les sentiments et les aspirations populaires conserve à travers le temps cet impact qui le rend aujourd'hui encore si cher au cœur des Polonais.

Le Manoir hanté.
Grazyna Ciopinjka (Hanna), Elzbieta Panko (Jadwiga). Mise en scène Marek Weiss-Grzesinski. Théâtre Wielki de Varsovie, 1995.
Photo © J. Gilun.

Hunyadi László
Magyar Allami Operahaz
Budapest, 1989.
Photo © M. Béla.

L'OPÉRA HONGROIS

Quand on sait que le premier opéra hongrois, *la Fuite du roi Béla,* composé en 1822 par Joszef Ruzitska, a disparu de la mémoire des mélomanes de Budapest eux-mêmes, on ne s'étonne pas que, à l'exception sans doute du *Château de Barbe-Bleue* de Bartók, l'opéra hongrois ne soit guère connu hors des frontières de la Hongrie. Qui, en France, connaît, par exemple, Ferenc Erkel, celui que les Hongrois considèrent comme leur plus grand compositeur lyrique, comme Moniuszko pour les Polonais ?

ERKEL

Né en 1810, Ferenc Erkel s'est d'abord fait connaître en tant que chef d'orchestre et pianiste, comme son compatriote Franz Liszt, son cadet d'une année. Mais le succès de son premier opéra, *Batori Maria* (1840), l'incite à poursuivre dans cette voie. Il compose alors *Hunyadi László* (1844), dont la popularité reste considérable en Hongrie aujourd'hui encore, où l'ouvrage est presque chaque année à l'affiche de l'Opéra de Budapest. En fait le style d'*Hunyadi László* n'est guère éloigné de celui de l'opéra romantique italien, mais Erkel y atteint un caractère authentiquement hongrois, d'une part en utilisant une thématique puisée dans l'histoire du pays et concernant la conquête de son indépendance, d'autre part en s'inspirant de thèmes musicaux issus du folklore hongrois, en particulier la forme du *verbunkos*, dont l'origine était une danse exécutée par les hussards sur une musique tzigane pour attirer et enrôler les jeunes recrues dans l'armée impériale.

L'histoire d'*Hunyadi László*, celle d'un héros magyar du XVe siècle, établit Erkel comme compositeur patriotique, identifié aux sentiments anti-autrichiens du peuple hongrois. Même s'il obtient d'autres succès avec ses « opéras-ballades », comme *les Deux Pistolets*, ou ses opéras-comiques, comme *Sarolta*, il lui faudra attendre plus de quinze ans pour retrouver un succès aussi considérable que celui d'*Hunyadi László* : ce sera en 1861, avec *Bank Ban*, l'histoire de ce héros du XIIIe siècle qui incarne la volonté d'affranchissement d'une tyrannie étrangère, un nouveau triomphe patriotique. Aujourd'hui encore, on ne conçoit pas une saison à l'Opéra de Budapest sans que l'un des deux chefs-d'œuvre d'Erkel y soit affiché !

Fondateur de l'opéra national, auteur de l'hymne national, Ferenc Erkel continue d'être révéré par le peuple hongrois. Pourtant, après lui, quelques compositeurs vont développer un art lyrique national, en explorant la culture populaire, tel Ferenc Sarosi ou Emil Abranyi, ou, dans la filiation wagnérienne, Ödön Mihálovich, entre autres avec l'*Amour de Toldi* en 1893. C'est pourtant avec Béla Bartók que la Hongrie va voir s'épanouir un talent supérieur.

BARTÓK

Né en 1881, Bartók va subir plusieurs influences conjuguées, celle de Debussy et de son *Pelléas*, bien sûr, des premières compositions de Schoenberg sans doute, mais aussi celles d'Edgar Poe, des romantiques français ou encore de Freud. Car son *Château de Barbe-Bleue* est loin de l'imagerie traditionnelle du conte de Perrault : il s'agit plutôt d'une vision pessimiste et tragique de la solitude fondamentale de l'Homme et de l'incapacité fatale de la Femme à y remédier. À la demande de Judith, Barbe-Bleue livre à celle-ci les clés qui ouvrent les cavernes secrètes de sa vie intérieure : une chambre de torture, des armes, des bijoux, un jardin merveilleux, un lac de larmes apparaissent successivement. Mais derrière la septième porte se trouvent les souvenirs de ses amours passées. En les libérant, Judith détruit son propre bonheur : elle ira rejoindre les autres femmes et ne sera bientôt plus qu'un souvenir parmi les autres. Écrit en 1911 (mais créé seulement en 1918), le *Château de Barbe-Bleue* est un pur et sombre chef-d'œuvre de puissance dramatique, porté par une prosodie extrêmement élaborée, et aussi un reflet de ce siècle qui s'ouvre au doute existentiel.

À l'autre grand compositeur hongrois de cette première partie du XXᵉ siècle, Zoltán Kodály (1882-1967), on doit trois opéras, tous marqués par la veine populaire nationale, mais seul *Háry János* s'est maintenu au répertoire. Créé en 1926 avec un succès immédiat, c'est un ouvrage qui met en scène les aventures du hussard Háry János, sorte de Tartarin hongrois, et apparaît comme une manière d'épopée légendaire, nourrie du folklore magyar dans ses structures mélodiques et rythmiques, avec une réelle originalité d'écriture qui contribue tout à la fois à la modernité et à la brillante vitalité de cette œuvre restée très populaire en Hongrie.

On pourrait ajouter à ce panorama le nom de György Ligeti (né en 1923), auteur de plusieurs opéras, dont un des plus joués est le *Grand Macabre* (1978) – mais le fait qu'il ait opté pour la nationalité autrichienne rend difficile son classement parmi les successeurs d'Erkel.

Le Château de Barbe-Bleue.
Csaba Airizer (Barbe-Bleue) et Eva Marton (Judith).
Mise en scène Stéphane Braunschweig.
Paris, théâtre du Châtelet, 1993.
Photo © M.-N. Robert.

Les Tréteaux de Maître Pierre.
Maquette de décors
de Nicola Benois.
Coll. particulière.

La Corte de Faraon
(Vicente Lléo).
Mise en scène Alfredo Arias.
Madrid, Théâtre
de la Zarzuela, 1999.
Archives du théâtre.

L'OPÉRA ESPAGNOL

La tradition lyrique espagnole s'enracine d'abord et essentiellement dans un genre populaire et spécifique, la zarzuela. Le nom même désignait un lieu proche de Madrid, le Pardo, dont les bosquets étaient remplis de ronces, et où les rois d'Espagne avaient fait construire l'un de leurs grands palais, la Zarzuela (de l'espagnol *zarza*, « roncier »). C'est dans ce palais qu'au XVIIe siècle, sous le règne de Philippe IV, allait se développer un divertissement de cour fait de paroles, de musique et de danse étroitement mêlés, et dont les rythmes et la caractérisation étaient très clairement espagnols. Ce nouveau divertissement va se répandre très vite, en prenant le nom du lieu où il est né.

LA ZARZUELA

Mais si ces premières zarzuelas, dont certaines sur des textes de Lope de Vega ou de Calderón, connaissent un grand succès, la vogue de l'opéra italien va leur porter un coup sérieux. La mode est alors plus aux castrats (Philippe V fait venir le fameux Farinelli pour superviser le théâtre de la cour) et aux vocalises roucoulantes qu'à ces divertissements nationaux.

Dès la seconde partie du XVIIIe siècle, la zarzuela reprend son essor avec les pièces de Ramón de la Cruz mises en musique par Antonio Rodríguez de Hita, par Esteve, par García Pacheco ou par Rosales. Pourtant, l'opéra l'éclipse à nouveau et c'est seulement au milieu du XIXe siècle qu'elle fait un retour en force. Cette fois, elle ne se limite plus à la cour ni même aux grandes villes : elle devient le théâtre musical populaire de tout le pays. Des musiciens comme Gaztambide ou Asenjo-Barbieri vont être les premiers à s'illustrer dans cette nouvelle phase. Mais ce qui va définitivement consacrer l'essor du genre est, en 1856, l'ouverture à Madrid du Théâtre de la Zarzuela. C'est le moment où le genre évolue et se scinde en deux catégories spécifiques : la *zarzuela grande*, en trois actes, assez proche de l'opéra par sa forme, encore que continuant de faire place aux dialogues parlés (comme dans l'opéra-comique) ou aux danses (comme dans la comédie musicale) – et la *zarzuela chico* ou *zarzuelita*, en un acte, plus proche de l'opérette. Les compositeurs se multiplient alors et les œuvres se succèdent pour le plus grand bonheur du public espagnol, et des pays de langue espagnole d'Amérique du Sud et du Mexique. Parmi ceux qui vont donner ses lettres de noblesse à cette floraison, il faut retenir au moins le nom de Tomas Breton y Hernández (1850-1923), auteur de *La Dolorès* et surtout *La Verbena de la paloma*, celui aussi

La Vida breve.
Marie Manzat (Salud).
Mise en scène
Fernando Arrabal.
Opéra royal de Wallonie, 1985.
Archives du théâtre.

de Ruberto Chapi y Lorente (1851-1909), au moins pour *La Tempestad*, celui encore de Jeronimo Jiménez (1858-1923) pour *El Baile de Luis Alonso* et plus encore *La Tempranica*. On inscrira aussi dans ce panthéon José Maria Usandizaga (1887-1915) pour *Las Golondrinas*, Amadeo Vives (1871-1932) pour une des zarzuelas aujourd'hui encore parmi les plus populaires du répertoire, la fameuse *Doña Francisquita*, qui date de 1923, et puis les plus récents Federico Moreno Torroba, Jacinto Guerrero, Pablo Sorozabal... En fait, la zarzuela reste extrêmement vivante en Espagne et elle a aujourd'hui conquis un vaste public, peut-être aidée en cela par des ténors comme Placido Domingo (dont les parents dirigeaient une troupe de zarzuela) ou José Carreras qui, l'un comme l'autre, n'hésitent pas à en chanter pour le plus grand bonheur de leurs admirateurs.

DE FALLA

À côté de la zarzuela, l'opéra espagnol paraît bien pauvre : le seul grand compositeur du XVIIIe siècle, Vicente Martín y Soler, un temps collaborateur de Da Ponte, écrit ses opéras en italien !... Il faut attendre le début du XXe siècle avec *Goyescas* d'Albéniz (1860-1909) en 1916 pour qu'un opéra espagnol voie le jour.

Encore sera-t-il créé... au Metropolitan Opera de New York ! Quant au premier des deux opéras de Manuel de Falla (1876-1946), *la Vie brève*, il devait être créé en français et à Nice ! Est-ce d'ailleurs véritablement un opéra au sens qu'on donne habituellement à ce mot ? La part symphonique y est prépondérante, le sujet l'apparente à une zarzuela tragique et le traitement musical, austère, concentré à l'extrême, avec une atmosphère impressionniste mêlée à des couleurs populaires (utilisation de guitares, recours au *cante jondo*), semble tirer l'œuvre en dehors de l'univers de l'opéra. Mais à vrai dire, le second opéra de de Falla, *les Tréteaux de maître Pierre,* conçu pour marionnettes et personnages réels et créé en 1923 à Séville, ne ressortit pas non plus vraiment au genre opéra. C'est pourtant une réussite incontestable, d'une originalité mûrie, portée par un lyrisme vigoureux et dépouillé, où la référence à l'Espagne se veut plus authentique mais moins ostentatoire. Un orchestre réduit à une formation de chambre (avec un clavecin), un traitement vocal rude et presque stravinskien : il y a dans cette œuvre quelque chose de cette âpreté qui caractérise l'âme espagnole. C'est cependant avec lui, en dépit des efforts d'un Turina ou d'un Halffter, que s'arrête l'existence assez réduite d'un opéra espagnol.

Porgy and Bess.
Mise en scène Tazewell
Thompson. Tournée
du Houston Grand Opera.
Opéra national de Paris, 1997.
Photo © E. Mahoudeau.

L'OPÉRA AMÉRICAIN

Einstein on the Beach.
Mise en scène Robert Wilson.
MC 93 de Bobigny,
Festival d'Automne 1992.
Photo © M. Enguerand.

Si l'opéra, apparu aux États-Unis sous la forme de *ballad operas* (dans le style du *Beggar's Opera*, donné à New York en 1750), devait connaître dès le XIXe siècle une vogue considérable en Amérique, cet intérêt n'a pas vraiment donné naissance à une école d'opéra américain et les quelques compositeurs et ouvrages issus du Nouveau Monde restent des exceptions presque marginales. On cite parfois le nom de Benjamin Carr (1768-1831), auteur en 1796 de *The Archers (les Archers)*, comme celui du premier compositeur d'un opéra américain – mais il était né en Grande-Bretagne. En fait le premier opéra écrit par un compositeur né aux États-Unis semble avoir été *The Saw Mill, or A Yankee Trick (la Scierie, ou un truc américain)* en 1824, signé par Micah Hawkins (1777-1825).

À partir du début du XIXe siècle, la venue d'éminents artistes européens avec leurs troupes – comme Manuel Garcia, le père de la Malibran – ou l'organisation de spectacles par Da Ponte, le librettiste de Mozart établi aux États-Unis, vont dynamiser l'intérêt pour l'opéra sur le Nouveau Continent. En même temps, les compositeurs américains, stimulés par la domination de l'opéra européen, s'essaient à créer un style national : George Frederick Bristow (1825-1898) donne *Rip Van Winkle* en 1855 ; Dudley Buck (1839-1909) propose *Deseret ou A Saint's Affliction* en 1880 ; John Knowles Paine (1839-1906) fait jouer

Azara en 1901. Mais aucun de ces ouvrages ni de ces compositeurs ne s'impose vraiment, non plus que Charles Wakefield Cadman (1881-1946), qui tente de créer un style pittoresque indien avec *Shanewis* (1918).

C'est finalement la *musical comedy* qui impose un style spécifiquement américain à New York, et plus précisément à Broadway, avec des compositeurs comme Richard Rodgers, Cole Porter – dont *Show Boat*, en 1927, constitue un des plus grands succès de Broadway –, Jerome Kern, Frederick Loewe, Irving Berlin...

PORGY AND BESS

En 1935, avec *Porgy and Bess*, George Gershwin (1898-1937) réalise la première synthèse réussie entre l'opéra et l'univers américain. Mêlant à l'écriture classique les influences rythmiques du jazz et les harmonies du negro spiritual, il crée en quelque sorte une musique savante à partir de sources populaires. Et comme son drame se déroule dans le quartier noir de Charleston, en Caroline du Sud, sa musique se trouve parfaitement en situation, parfaitement adéquate à ce récit, tiré d'un fait divers réel, qui raconte l'histoire d'un infirme, Porgy, amoureux d'une belle jeune femme, Bess. Ce pourrait être une histoire heureuse – mais la violence, le sexe, la drogue, la condition de la minorité noire face à la justice blanche, tout concourt à piétiner les illusions et à faire de cet opéra une sorte de grand blues aux accents déchirants. Le succès ne sera pas tout de suite au rendez-vous et ce n'est qu'après la mort de Gershwin, que *Porgy and Bess* prendra son essor à travers le monde.

À côté de cette exception notable, le reste de la production lyrique américaine continuera de se concentrer dans la *musical comedy*, avec quelques succès marquants, d'*Oklahoma* à *Carrousel* ou de *My Fair Lady* à *West Side Story*, le chef-d'œuvre de Leonard Bernstein (1918-1991) qui, en 1957, transposait de manière originale le mythe de Roméo et Juliette dans l'univers new-yorkais contemporain.

Sans doute objectera-t-on que nous sommes là aux marges de l'opéra – mais les purs compositeurs d'opéras au sens classique du terme, les Virgil Thompson, Aaron Copland, Henry Hadley ou Deems Taylor, tous auteurs d'ouvrages créés au Metropolitan Opera de New York, n'ont pas laissé une marque impérissable dans l'histoire de l'art lyrique...

Nixon in China.
Mise en scène Peter Sellars.
MC 93 de Bobigny, 1991.
Photo © M. Enguerand.

Et si Gian Carlo Menotti (né en 1911), un américain d'origine italienne, a su, avec *le Médium* (1946), *le Téléphone* (1947) et *le Consul* (1950), composer des opéras qui ont touché un vaste public, en particulier du fait de l'incontestable impact théâtral dont ils sont porteurs, il reste une sorte d'exception historique – qui apparaît aujourd'hui très datée.

Les noms de Douglas Moore, Lukas Foss, Samuel Barber (dont la *Vanessa*, créée en 1958, a connu quelques reprises) ou Carlisle Floyd (auteur d'un très bel opéra, *Susannah*, créé en 1955 et repris très régulièrement aux États-Unis où il est un des ouvrages américains les plus populaires – alors qu'il a fallu attendre 1995 pour le voir en France, à l'Opéra de Nantes) complètent ce panorama de l'opéra américain.

GLASS ET ADAMS

Dans la nouvelle génération, deux compositeurs ont repris le flambeau lyrique : le premier est Philip Glass (né en 1937) qui, après son superbe *Einstein on the Beach* (créé à Paris, à l'Opéra-Comique, en 1976), donne, avec *Satyagraha* (1980), *Akhenaton* (1984) et *la Belle et la Bête* (1994), des œuvres dans lesquelles son langage minimaliste recrée un nouveau lyrisme pour aujourd'hui. Le second est John Adams (né en 1947) qui, avec *Nixon in China* (1987) puis avec *The Death of Klinghoffer* (1991), inscrit l'Histoire contemporaine au cœur de l'opéra, restituant à celui-ci une dimension directement populaire. C'est sans aucun doute dans cette démarche ouverte, active, branchée sur la modernité théâtrale (Philip Glass travaille beaucoup avec Bob Wilson, et John Adams avec Peter Sellars), que s'inscrit l'avenir de l'opéra américain.

LES INTERPRÈTES DE LÉGENDE

Quelle que soit la beauté des décors, la richesse des costumes, l'intelligence de la mise en scène, l'opéra, ce sont d'abord des voix. Parce que la voix possède le pouvoir d'exacerber les sentiments, de dépasser les limites, d'excéder le réel : les premiers interprètes de légende ont donc naturellement été ceux qui représentaient cette démesure, cet imaginaire absolu : les castrats. De Baldassare Ferri à Senesino ou à Farinelli, le plus célèbre, ils ont ouvert la voie à l'ère suivante, celle des divas, des Bordoni ou Cuzzoni à Sophie Arnould ou, du côté des hommes, à Manuel Garcia. Mais c'est au XIXe siècle que le règne des grandes divas romantiques s'est imposé : c'est le temps des Pasta, Sontag et de celle qui en est l'archétype, Maria Malibran. Viendront ensuite Jenny Lind ou Gian Battista Rubini, plus tard Adelina Patti, et, avec le XXe siècle, Chaliapine ou Caruso. La beauté vocale ne peut plus alors être distincte de la puissance expressive : c'est ce qu'imposera définitivement Maria Callas. Après elle, on ne chante plus comme avant elle. Les Domingo ou Alagna, Dessay ou Bartoli sont tous héritiers de ces interprètes qui ont forgé quatre siècles d'interprétation : ils poursuivent la légende. Avec, en ce XXe siècle, deux manières de la faire rayonner au plus grand nombre, le cinéma et le disque.

Teatro Regio de Parme.
Photo © Moatti/Kleinefenn. Sipa Press.

LES GRANDS INTERPRÈTES

Carlo Farinelli
Coll. particulière.

Francesca Cuzzoni
Coll. particulière.

Faustina Bordoni
Coll. particulière.

Si l'opéra naît à l'aube du XVIIe siècle, ses premières vedettes n'apparaissent que dans sa seconde moitié avec les quelques grands castrats dont l'Histoire retient les noms. Le premier est Baldassare Ferri (1610-1680), qu'on appelle « le Phénix », « le Roi des Muses », « Orphée ». Les princes se le disputent. La reine Christine de Suède envoie son vaisseau royal pour qu'il vienne chanter pour elle. À Vienne, l'empereur Léopold Ier possède dans sa chambre à coucher un portrait de lui orné de l'inscription « Baldassare Ferri, Re dei Musici ». Il suscite des passions, et se fait couvrir d'or pour ouvrir la bouche. À sa suite brilleront quelques autres grands castrats, les trois principaux étant Matteuccio, Cortona et Siface, ce dernier, le plus célèbre des trois, au service du duc de Modène mais chantant aussi pour Christine de Suède à Rome, pour la reine d'Angleterre à Londres, pour la dauphine à Paris. Hélas ! Siface tourne tellement les têtes qu'il en mourra, assassiné par les frères d'une comtesse avec laquelle il entretenait une liaison passionnée : beau destin d'opéra en somme.

C'est au XVIIIe siècle, que l'opéra voit s'épanouir le règne des castrats. Nicolino d'abord, puis Senesino, grand interprète des opéras de Haendel à Londres, vont en marquer les débuts, mais c'est Carlo Broschi, plus connu sous le nom de Farinelli, qui peut être considéré comme leur archétype. Né en 1705, Farinelli est l'élève de Porpora à Naples, où il fait ses débuts à quinze ans. Très vite, sa célébrité va gagner l'Europe entière et il chante de Venise à Vienne et de Munich à Milan, puis surtout à Londres où les démonstrations d'enthousiasme qu'il suscite sont sans commune mesure avec ce que l'Angleterre a jamais pu connaître ! Pourtant, ce qui a peut-être fait le plus pour sa réputation, c'est son invitation par Philippe V d'Espagne qui, pris de passion pour l'illustre chanteur, seul remède à sa royale mélancolie, le faisait venir chaque soir, de minuit à deux heures du matin, pour qu'il lui chante les mêmes quatre ou cinq airs, et ce pendant neuf ans ! Son ascendant sur le roi devient tel qu'on le surnomme le « premier ministre ». Il en profite pour activer la vie musicale dans la capitale espagnole, rouvrant le théâtre du Buen Retiro, y créant de nombreux opéras italiens, y engageant des chanteurs, s'y produisant lui-même, jusqu'à ce que la mort du roi le renvoie en Italie où il finit sa vie en 1782, couvert d'honneurs et de gloire, recevant chez lui Gluck, l'empereur Joseph II et même le jeune Mozart en 1769. Après Farinelli, d'autres castrats enflamment le public, de Caffarelli à Guadagni ou de Pachiarotti à Marchesi. Mais déjà se profile un autre règne, celui des divas qui, peu à peu, vont prendre le dessus, en Italie comme en France ou en Grande-Bretagne.

CASTRATS ET DIVAS

Sans doute les deux plus célèbres divas italiennes de ce XVIIIe siècle furent-elles aussi de redoutables rivales : Francesca Cuzzoni et Faustina Bordoni. Après avoir débuté chacune très brillamment en Italie, s'être fait l'une comme l'autre applaudir un peu partout en Europe, avoir dans un premier temps cohabité à Londres dans plusieurs opéras de Haendel, aux côtés du castrat Senesino, elles en viennent aux pires extrémités lors de la représentation d'*Astianatte* de Bononcini le 6 juin 1727. Attisée par le public, partagé en deux camps irréductibles, leur querelle dégénère ce soir-là au-delà de la bienséance. Malgré la présence dans la salle de la princesse de Galles, sifflets, cris d'animaux, invectives pleuvent depuis les rangs des partisans de l'une ou de l'autre à chaque apparition de l'« ennemie ». Perdant toute dignité, les dames de la bonne société crient comme des harengères ! La bagarre ne pouvait manquer de se répercuter sur la scène où, soudain, la Bordoni et la Cuzzoni s'empoignent : on s'arrache les cheveux, on se déchire les robes, on se griffe, on hurle !… À la suite de ce scandale, la Cuzzoni s'en va chanter à Vienne puis en Italie (où elle a pour partenaires Farinelli et Caffarelli), avant de revenir à Londres en 1733. Mais elle devait quitter précipitamment la capitale britannique en 1737, accusée du meurtre de son mari qu'elle aurait empoisonné. Elle chantera encore à travers les capitales européennes mais, continuant de dépenser sans compter, commencera d'accumuler les dettes pour finir dans la misère en 1770.

De son côté, la Bordoni, quittant elle aussi Londres après le scandale, va faire entendre sa voix superbe sur les plus grandes scènes européennes avant de rencontrer à Venise le compositeur Johann Adolf Hasse et de l'épouser. Dès lors, c'est à la cour de Dresde, dont son mari est Kapellmeister, qu'elle se produit principalement, se liant d'amitié aussi bien avec Jean-Sébastien Bach qu'avec l'empereur Frédéric II, un de ses grands admirateurs. Elle chante à Vienne, à Paris, à Naples et à Venise où le couple s'installe en 1773 et où elle mourra, heureuse et entourée de ses deux filles, en 1781.

SOPHIE, ROSALIE ET NANCY

Mais on ne peut parler de divas au XVIIIe siècle sans évoquer la figure de la Française Sophie Arnould, immortalisée par les frères Goncourt. Née en 1740, enfant prodige élevée dans un foyer intellectuel où l'on recevait régulièrement Diderot, D'Alembert ou Voltaire, la petite Sophie fait montre, très jeune, de dons affirmés pour le chant, attirant sur elle la protection de la marquise de Pompadour. Débutant à dix-sept ans dans un opéra de Mouret, *les Amours des dieux*, Sophie Arnould s'impose très rapidement tant comme cantatrice au tempérament dramatique exceptionnel que comme femme galante au tempérament non moins exceptionnel, collectionnant amants et amantes par dizaines. Capricieuse à souhait, insolente, dévergondée, couverte de diamants, elle est l'image de la diva telle qu'on a pu la caricaturer. Sans doute son rayonnement en scène est-il suffisamment grand pour que le public l'adore à ce point, et pour que Gluck lui confie en 1774 la création de son *Iphigénie en Aulide* puis celle d'Eurydice dans son *Orphée*. Mais la roue tourne vite : en 1776, le même Gluck lui préfère Rosalie Levasseur pour créer *Alceste*. Elle quitte à trente-six ans l'Opéra dont elle était premier soprano, le succès l'abandonne, les amants s'éloignent, les ressources diminuent : le rideau tombe sur une femme qui, vieillissante et amère, s'éteindra en 1802, à soixante-deux ans.

Parmi les autres interprètes célèbres du XVIIIe siècle, citons Nancy Storace, créatrice de Suzanne des *Noces de Figaro*, ou la Cavalieri, une Autrichienne (son véritable nom était Franziska Kavalier), pour qui Mozart écrit le rôle de Constance de *l'Enlèvement au sérail*, ou encore Schikaneder, le commanditaire de *la Flûte enchantée* et créateur du rôle de Papageno.

PÈRE DE DIVAS

Mais déjà se fait entendre sur les scènes un chanteur espagnol né à Séville en 1775 sous le nom de Manuel Vicente del Popolo Rodríguez, qui va bientôt se faire connaître sous le nom de Manuel García. C'est une personnalité assez exceptionnelle, à la fois chanteur, compositeur, directeur de troupe, pédagogue. Il débute à Cadix dans un bref opéra-bouffe dont il est en partie l'auteur et il y rencontre une chanteuse-danseuse, Manuela de Morales, qu'il épouse. Recueillant succès sur succès à travers toute l'Espagne, il fonde bientôt sa propre compagnie, dans laquelle il engage une jeune chanteuse, Joaquina Briones… qui lui donnera ses trois enfants, Manuel junior, Maria Felicia et Pauline, ces deux dernières se faisant connaître plus tard sous leurs noms d'épouses : Maria Malibran et Pauline Viardot ! Et le voici sillonnant l'Europe, rencontrant Rossini qui écrit pour lui le rôle d'Almaviva de son *Barbier de Séville*. On le retrouve en Amérique en 1825 pour une tournée organisée par Lorenzo Da Ponte, le librettiste de Mozart, où Manuel García est accompagné d'une petite troupe au sein de laquelle débute sa fille, Maria, qui fait d'emblée sensation. Puis il décide d'emmener sa compagnie au Mexique où il triomphe en dépit des conditions pour le moins précaires des représentations, dans des bâtiments auquel on pouvait « par courtoisie » attribuer le nom de théâtre – mais, non loin de Veracruz, la troupe tombe dans une embuscade et les brigands la dépouillent de tous ses substantiels bénéfices ! Il n'y a plus qu'à regagner l'Europe, avec seulement des souvenirs… Manuel García devait mourir quelques années après, en 1832, à cinquante-huit ans.

Avec le XIXe siècle, le monde a changé, la vie musicale aussi et le véritable mythe de la diva prend naissance à cette époque, succédant à la vogue des castrats.

La première diva romantique s'appelle Giuditta Pasta et avec elle commence l'histoire du chant moderne. Car, à la beauté vocale, elle ajoute un jeu expressif qui annonce une Maria Callas. Née en 1797, elle débute sans trop d'éclat à Milan puis à Paris, mais attire peu

Sophie Arnould, créatrice du rôle-titre d'*Iphigénie en Aulide* de C.W. Gluck.
Coll. Maciet. Paris, Bibliothèque des Arts décoratifs.
Photo M. Didier. © Archives Larbor.

Giuditta Pasta (*Anna Bolena* de G. Donizetti).
Musée théâtral de la Scala.
Photo Ph. G. Costa. © Archives Larbor.

Henriette Sontag
(Donna Anna de
Don Giovanni de W. A. Mozart),
1826.
Coll. particulière.

Maria Malibran en Desdémone
(*Otello* de G. Rossini).
Portrait de Henri Decaisne.
Paris, musée Carnavalet.
Coll. particulière.

à peu l'attention par le charisme qu'elle déploie sur scène ; les rôles se multiplient, le public afflue, les cachets grimpent. À vingt-quatre ans, elle est déjà saluée comme « la grande Pasta ». Stendhal lui voue une admiration passionnée pour son expressivité tragique, son phrasé superbe, et cette façon bouleversante d'introduire comme des sanglots dans son chant. Elle enflamme Paris dont elle est une des reines du Théâtre-Italien, chantant en particulier tous les grands rôles rossiniens, jusqu'à ce que, en 1830, elle chante à Vienne son premier opéra de Bellini, *le Pirate* : c'est une révélation. La même année, elle crée à Milan *Anna Bolena* de Donizetti avec le fameux ténor Rubini, qu'elle retrouve quelques mois plus tard pour la création de *la Somnambule* de Bellini. « Rubini et la Pasta sont deux anges qui ont enthousiasmé presque à la folie la totalité du public », écrit Bellini. Encore quelques mois et c'est *Norma* que la Pasta crée à la Scala, avec la Grisi en Adalgise ! Quelques années plus tard, fatiguée par ces saisons trop chargées, Giuditta Pasta arrête sa carrière durant deux ans, se retire dans une somptueuse villa qu'elle a acquise sur le lac de Côme, reprend une série de concerts en Angleterre et à Paris, puis en Pologne et en Russie, s'arrête à Berlin où elle émerveille Mendelssohn par son génie dramatique. Elle se retire définitivement à quarante-quatre ans, savourant une vie tranquille jusqu'en 1864 où elle meurt d'une bronchite à soixante-six ans.

LA SONTAG

Berlioz disait de la Sontag qu'« elle pouvait tout interpréter, même les chefs-d'œuvre ». Née en 1805 à Coblence sous le nom d'Henriette Gertrud Walpurgis Sonntag, elle débute à l'âge de six ans aux côtés de ses parents, comédiens et chanteurs ambulants.
À neuf ans, alors que son père meurt, elle est admise par faveur spéciale au Conservatoire de Prague et, en 1823, à dix-huit ans, elle chante devant Carl Maria von Weber, qui lui confie la création de son *Euryanthe*. L'année suivante elle participe coup sur coup aux créations de la *IXe Symphonie* et de la *Missa solemnis* de Beethoven, sous la direction du compositeur. En 1825, à vingt ans, elle est accueillie triomphalement à Leipzig, où elle chante les premiers rôles de Weber ou de Rossini. Paris l'appelle et elle y transporte le public avec Rossini mais aussi Mozart.
En 1829, elle chante Zerlina de *Don Giovanni* aux côtés de Maria Malibran qui interprète Anna ! Le public a bien de la chance d'entendre ces deux divas qui vont se retrouver dans plusieurs opéras, tant à Paris qu'à Londres, sans qu'aucune rivalité professionnelle ne les oppose. Renonçant à choisir l'une plutôt que l'autre, le public les réunit alors dans des bouquets d'acclamations sans fin. Un jeune et célèbre violoniste, Charles de Bériot, lui aussi, ne sait qui choisir entre les deux belles dont il est également amoureux. La Sontag l'ayant repoussé, il épousera la Malibran ! En fait, Henriette Sontag avait épousé secrètement le comte Rossi, un diplomate pour lequel, bientôt, elle abandonne la scène. Devenue comtesse et femme épanouie, elle donne sept enfants à son mari – ne chantant plus qu'en privé, au hasard des ambassades de son époux. Mais en 1849, la carrière du comte Rossi ayant pris fin, Henriette Sontag remonte sur scène. Sa voix est toujours aussi belle, son style a gagné en maturité. Elle va à nouveau triompher, en France comme en Angleterre, en Autriche, en Allemagne. Théophile Gautier publie sa biographie sous le titre de *l'Ambassadrice*. En 1852, elle entame une grande tournée en Amérique, triomphe partout, pousse jusqu'à Mexico, où elle interprète le 11 juin *Lucrèce Borgia* de Donizetti. Le lendemain elle est hospitalisée, frappée par le choléra. Elle meurt quelques jours plus tard.

LA MALIBRAN

Quelque grandes qu'aient été la Sontag ou la Pasta, quelque sublimes que se montreront la Grisi ou la Lind, c'est pourtant la Malibran qui constitue l'un des fondements du mythe de la diva romantique. La fille de Manuel García, née en 1808, a d'abord subi la férule de son père, pédagogue aux méthodes dures, mais apparemment efficaces puisque, en 1825, à dix-sept ans, elle doit remplacer un soir, à Londres, la grande Pasta dans la Rosine du *Barbier de Séville* au côté de son père qui interprète Almaviva : le King's Theatre s'enflamme de bonheur ! Après ces débuts fracassants, elle chante un peu partout en Angleterre, puis s'embarque avec son père pour New York. Maria y est de tous les spectacles, Rossini, Mozart. Et le public est subjugué. Mais au milieu des admirateurs et des prétendants, un certain Eugène Malibran demande la jeune fille en mariage ; il a vingt ans de plus que Maria, se dit banquier et Manuel García pense que ce n'est pas un mauvais parti. Hélas, après avoir dilapidé la dot de sa femme, le peu scrupuleux financier est mis en faillite, le couple se sépare : le mariage n'a duré que quelques semaines. Il est d'ailleurs assez paradoxal que Maria Malibran ait rendu internationalement célèbre le nom d'un homme avec lequel elle avait si peu vécu… De retour à Paris, Maria débute à l'Opéra puis au Théâtre-Italien : le public l'adore, les poètes s'enflamment. Mais la voici à Londres, puis à Bruxelles où elle retrouve le violoniste Charles de Bériot : leur liaison se terminera par un mariage, et par la naissance d'un fils, Charles Wilfrid, qui sera pianiste et comptera parmi ses élèves au Conservatoire de Paris un certain Maurice Ravel… À Paris, on la fête, on l'acclame, on lui offre des cachets mirifiques qui lui permettent de mener grand train. D'autant que, en 1830, à vingt-deux ans, elle est dans tout l'éclat de sa beauté. C'est l'année où elle chante Desdémone dans l'*Otello* de Rossini, le rôle-titre étant tenu… par son père. Londres l'appelle à nouveau (« J'ai fait ce qui s'appelle *furore* en Angleterre », écrit-elle à un ami), puis c'est l'Italie – où elle chante plusieurs opéras de Bellini, dont *la Somnambule* en présence du compositeur qui manque s'évanouir de bonheur. De partout on la réclame et partout on l'acclame. À Venise, on donne la sérénade sous ses fenêtres jusqu'à l'aube, on fait cortège comme pour une souveraine autour de sa gondole. Alors qu'elle chante à La Fenice, le directeur du Teatro Emeronittio, Giovanni Gallo, vient la supplier de donner un concert dans son théâtre afin de le sauver de la faillite qui le menace. Maria accepte de venir chanter *la Somnambule* ; la salle est archicomble, le public est en délire et la recette est telle que Gallo est tiré d'embarras. Éperdu de reconnaissance, il veut remettre à la diva le cachet convenu : « Embrassez-moi, lui dit-elle, et nous serons quittes ! » Depuis ce jour, le vieux théâtre, à deux pas du Rialto, a pris le nom de « théâtre Malibran ». Et elle continue d'illuminer le cœur des publics à travers l'Europe. En 1835, la Scala, où elle chante *Norma*, lui signe un contrat pour 185 représentations échelonnées sur trois saisons ! Partout elle est célébrée comme une reine. Partout le public se pâme en l'écoutant. En mai, elle est à nouveau en Angleterre où elle chante sous les ovations. Puis à l'issue des représentations, elle accepte une partie de campagne avec la *gentry* londonienne : il fait beau, la nature est magnifique, mais son cheval s'emballe, la désarçonne, son pied reste dans l'étrier, elle s'évanouit… On la ramène, blessée. À peine remise, elle veut minimiser l'accident en remontant sur scène pour le festival de Manchester. À l'issue du concert qu'elle y donne, elle s'effondre. On la ramène inconsciente à son hôtel. Elle meurt le 23 septembre, à vingt-huit ans, un an, jour pour jour, après son cher Bellini. Trois semaines plus tard, Musset publie ses *Stances à Malibran*, un hommage funèbre à celle qui demeure à jamais l'archétype de la diva romantique.

LE ROSSIGNOL SUÉDOIS

Jenny Lind est née en 1820 à Stockholm et a débuté à l'âge de douze ans dans le rôle du deuxième page de *la Flûte enchantée* et, à dix-huit ans, dans le rôle d'Agathe du *Freischütz*, enchaînant avec *Euryanthe* et Pamina de *la Flûte enchantée* ! À vingt et un ans, elle a déjà participé à plus de quatre cents représentations à l'Opéra de Stockholm. La voici bientôt à Paris, puis en Allemagne où elle triomphe partout, en élargissant sans cesse son répertoire, de Mozart à Rossini, de Weber à Meyerbeer et de Haydn à Verdi (elle participe à la création d'*I Masnadieri* de ce dernier). Le roi de Prusse et la reine Victoria l'applaudissent lors d'un concert qu'elle donne à Brühl, avec Franz Liszt. Berlioz, qui assiste au concert, ne tarit pas d'éloges. Mendelssohn, qui l'adore, la dirige dans plusieurs concerts. Chopin, qui l'entend en 1848 dans *la Somnambule,* parle de sa voix comme d'« une sorte d'aurore boréale » (*sic*). Robert et Clara Schumann s'unissent pour chanter ses louanges. Le public fait la queue des heures durant pour assister à chacun de ses concerts. Les scènes où elle se produit sont jonchées de fleurs. C'est une quasi-divinité vivante. Barnum, qui n'a pas encore fondé son fameux cirque, mais qui a déjà le sens du spectacle et des affaires, lui fait faire une incroyable tournée en Amérique de quelque 93 concerts, de New York à Philadelphie en passant par Boston, Baltimore, Washington, La Nouvelle-Orléans, Cincinnati, etc. Partout elle est accueillie comme une déesse descendue du ciel… Pour avoir ainsi enflammé tous les publics, Jenny Lind est sûrement une prodigieuse cantatrice ; mais elle est, de surcroît, la première diva à savoir ainsi faire de ses apparitions et de son image

Jenny Lind (*la Somnambule* de V. Bellini).
Coll. particulière.

une gestion avisée et hollywoodienne.
D'autres sauront s'en souvenir.

On pourrait continuer de dérouler
l'écheveau des divas romantiques, de la belle
Giulia Grisi à Laure Cinti-Damoreau ou
de Wilhelmine Schroeder-Devrient à Pauline
Viardot. Mais il faut aussi rappeler que ces
divines eurent quelques partenaires masculins
non négligeables. On évoquera par exemple
la carrière exemplaire du ténor Gian Battista
Rubini, né en 1794, et dont Bellini faisait
l'interprète masculin de ses rêves. Il devait
d'ailleurs créer la plupart des opéras de l'auteur
de *la Somnambule*, avec cette voix au timbre
clair, à la souplesse qui lui permettait des aigus
élégiaques et cette pureté belcantiste qui
tournait les têtes partout (ainsi, à la suite
d'un concert qu'il venait de donner à Saint-
Pétersbourg, il est nommé chef de la musique
impériale et colonel de la Garde !). Sans doute
est-il un piètre acteur, mais qu'importe quand
on déclenche des réactions comme celle-ci,
d'un connaisseur avisé de surcroît, Théophile
Gautier : « Tous les superlatifs sont épuisés ;
admirable est faible ; sublime bien pâle ;
pyramidal, ébouriffant, sublimissime suffisent
à peine : Rubini n'a pas de rival au monde. »
Avec le baryton Antonio Tamburini et la basse
Luigi Lablache, qui enthousiasmait Verdi au
point de vouloir écrire pour lui un *Roi Lear*,
les distributions de cette époque atteignaient
des sommets qui font peut-être comprendre
ces délires du public. Ainsi, on peut rêver en
découvrant par exemple, dans les registres
du Théâtre-Italien de Paris, la distribution
d'un *Don Giovanni* en 1832 : Lablache
(Don Giovanni), Rubini (Ottavio), Schroeder-
Devrient (Anna) et Malibran (Zerlina)

Prima donna

Époque riche, ô combien ! pour les amateurs de
belles voix que celle où brillent aussi des ténors
comme Adolphe Nourrit, qui après quinze ans
de triomphes ininterrompus, après avoir créé
nombre d'opéras de Rossini, de Meyerbeer ou
d'Halévy, après avoir enchanté le public autant
par la finesse de son chant que par l'ardeur de
son jeu, se suicide, désespérant de ne pouvoir
s'adapter aux nouvelles attentes du public.
Celles-ci sont incarnées par le ténor Gilbert
Duprez, de seulement quatre ans son cadet,
qui avait changé la technique d'émission en
innovant le fameux *ut* de poitrine, qui allait
ouvrir la voie aux ténors dramatiques verdiens
et wagnériens – mais aussi aux stentors
braillards.

La seconde moitié du XIXe siècle, si elle
ne produit pas de stars du style des Malibran
et autres Jenny Lind, n'est pourtant pas
dépourvue de très grands chanteurs, de Rose
Caron, aimée par Clemenceau et admirée
par Debussy, à Lilli Lehmann, interprète
de prédilection de Wagner, ou d'Emma Calvé,
inoubliable Carmen, à Félia Litvinne, une des
plus grandes wagnériennes de son temps.
Mais la seule vraie diva, au sens le plus
complet et le plus spectaculaire du terme,
est sans doute à cette époque Adelina Patti,
prima donna de légende, allant de triomphe en
caprice, amassant des fortunes et tournant la
tête aux amateurs des deux continents : on dit
même qu'à Saint-Pétersbourg des grands-ducs
détellèrent un jour sa voiture pour avoir
l'honneur de la tirer eux-mêmes ! Née à Madrid
en 1843, dans une famille de chanteurs italiens
et pendant une représentation de *Norma*,
elle n'a pas huit quand elle débute en public à
New York en chantant un air de *la Somnambule* !
Après des séries de concert d'enfant prodige,
elle débute au théâtre en 1859 dans le rôle-titre
de *Lucia di Lammermoor* : elle a seize ans.
Triomphe. Durant cette première saison, elle
va ainsi chanter seize ouvrages différents. Très
vite adulée partout en Amérique, elle conquiert
ensuite l'Europe, de Londres à Amsterdam
et de Berlin à Paris, avec des représentations
étourdissantes de *la Somnambule* ou de
la Traviata, joignant une voix d'une
extraordinaire agilité à un physique délicieux
et une présence scénique fascinante. Verdi,
qui l'entend à Londres est sous le charme.
Infatigable, elle parcourt toutes les capitales
du monde, de Vienne ou Saint-Pétersbourg
à Buenos Aires ou San Francisco, revenant
pourtant régulièrement à Paris et à Londres.
Ses cachets atteignent bientôt des sommes
astronomiques – qu'à cela ne tienne, tous
les théâtres veulent accueillir la Patti. Et elle,
bravement, avale les kilomètres, répète dans
des wagons-salons qu'elle fait spécialement
aménager, et séduit tous les publics. Elle se
séduira même elle-même quand, alors qu'elle
s'est retirée dans son immense château en
Écosse, la firme Gramophone Typewriter la
sollicite pour enregistrer quelques disques.
C'est en 1905 et, à soixante-deux ans, sa voix
n'est plus aussi « angélique » que celle décrite
par les chroniqueurs de sa grande époque.
Pourtant, s'écoutant dans le pavillon du

Giovanni Rubini
(*I puritani* de V. Bellini, 1836).
Coll. particulière.

Adelina Patti
Paris, Bibliothèque Nationale.
Archives Opéra national de Paris.

gramophone, elle est émerveillée : « Mon Dieu, je comprends enfin pourquoi je suis Patti. Quelle voix ! Quelle artiste ! » Dernière grande diva du XIXe siècle, Adelina Patti meurt en 1919, à soixante-seize ans.

CHALIAPINE ET CARUSO

Au XXe siècle, les grands interprètes ne manquent pas. Mais ce sont deux hommes qui en marquent peut-être le plus fortement le début, Chaliapine et Caruso. Le premier, Fedor Chaliapine, est né en 1873 dans une famille très pauvre et a commencé par exercer toutes sortes de métiers, cordonnier, menuisier, potier, avant de réussir à se faire engager comme figurant puis comme choriste dans des troupes itinérantes. Il vagabonde par ailleurs d'emploi en emploi, débardeur sur la Volga puis employé aux Chemins de fer transcaucasiens ; il se lie en même temps d'amitié avec un certain Alexis Pechlov – qui se fera bientôt connaître sous le pseudonyme de Maxime Gorki. Et il étudie le chant, en autodidacte, au hasard de précaires engagements ; il parvient même à intégrer la troupe d'un petit théâtre où sa belle voix de basse, souple et bien timbrée, est remarquée, un soir, par la sœur du compositeur Mikhaïl Glinka. Finalement, il est engagé, sans vrai formation, dans la troupe du théâtre Mariinski à Saint-Pétersbourg. Il a vingt et un ans. Il commence par tenir des petits rôles, tant bien que mal. En 1896, il va chanter à la foire de Nijni-Novgorod et y rencontre un mécène, Mamontov, qui est frappé par la voix splendide et l'instinct dramatique du jeune homme. Invité à participer à la jeune troupe que Mamontov a fondée à Moscou, Chaliapine va alors se révéler. Chantant Méphisto du *Faust* de Gounod, Ivan Soussanine de *la Vie pour le tsar* de Glinka, Dossifeï de *la Khovantchina* de Moussorgski, il impose ses personnages autant par sa voix de basse et son autorité scénique que par un soin scrupuleux accordé à la préparation de chaque rôle. Se liant d'amitié avec Rimski-Korsakov puis avec Rachmaninov (qui lui enseigne les rudiments de la science musicale), Chaliapine progresse à pas de géant et devient bientôt une vedette dans toute la Russie, et hors de Russie dès 1901 quand il est invité à la Scala pour chanter le rôle-titre de *Mefistofele* de Boïto sous la direction de Toscanini, avec Caruso dans le rôle de Faust ! En 1904, il obtient un triomphe dans la reprise

Titta Ruffo, Enrico Caruso et Feodor Chaliapine par Tadé Slyka, 1912. Paris, Bibliothèque-musée de l'Opéra.
Coll. particulière.

du *Boris Godounov* de Moussorgski, qu'il fait ainsi renaître après des années d'oubli. Ce rôle de Boris Godounov lui sera bientôt identifié et il sera appelé à le chanter dans le monde entier, de Paris à New York et de Milan à Londres ou Monte-Carlo, un théâtre qu'il affectionne tout particulièrement et où il reviendra chaque année à partir de 1905, y créant même en 1910 le *Don Quichotte* de Massenet. En 1917, Chaliapine éprouve d'abord une certaine sympathie pour la révolution bolchevique, mais très vite il déchante et, en 1922, il quitte définitivement la Russie sous prétexte d'aller réunir des fonds pour soutenir la lutte contre la famine. Sa carrière internationale continue de le mener sur toutes les scènes du monde où il fascine autant par son chant que par son génie d'interprète. Par son formidable charisme, aussi, qui donne aux personnages qu'il joue, Boris, Méphisto, Don Quichotte, Philippe II, une dimension exceptionnelle : car tout est gigantesque en lui, sa taille, sa voix, le caractère épique de son réalisme scénique, ses élans de bonté et de férocité. Il meurt à Paris en 1938, quelques mois après avoir chanté une dernière fois *Boris Godounov* à Monte-Carlo.

Enrico Caruso, le plus illustre des ténors, est né à Naples le même jour que Chaliapine, le 27 février 1873, dix-huitième enfant d'une famille elle aussi très pauvre. À dix ans, il travaille dans une fonderie, tout en apprenant à chanter, le soir, avec un curé de son quartier. À quinze ans, employé dans un atelier de mécanique, il continue de prendre des leçons de chant, tant et si bien qu'il finit par débuter à dix-neuf ans dans un obscur ouvrage de Morelli au Teatro Nuovo de Naples, pour un cachet de 80 lires ! Petit à petit, on lui confie des rôles plus importants, son répertoire s'étoffe, il prend un peu d'assurance. L'éloge public

Maria Callas
(*Tosca* de G. Puccini, 1958).
D.R. Archives Opéra national de Paris.

Kiri Te Kanawa
(*Arabella* de R. Strauss, 1981).
Photo © D. Faunières.

Placido Domingo
(*Otello* de G. Verdi, 1990).
Photo © Moatti/Kleinefenn.

qu'en fait le grand ténor italien Fernando De Lucia, attire sur lui l'attention de quelques directeurs d'opéras : bientôt il chante sur des scènes de plus en plus importantes. En 1897, il auditionne devant Puccini en vue du rôle de Rodolfo pour une reprise de *la Bohème* à Livourne ; il est engagé et il tombe fou amoureux de sa Mimi, la soprano Ada Giachetti, qui bientôt lui donnera un fils… prénommé Rodolfo. Encore quelques succès en Italie et, à partir de 1900, sa carrière devient internationale : il chante à Montevideo, à Saint-Pétersbourg, à Buenos Aires et fait ses débuts à la Scala, sous la baguette de Toscanini. Consacré, il est invité au San Carlo de Naples, dans sa ville natale, mais son *Élixir d'amour* y est si mal reçu par ses compatriotes qu'il jure de ne plus jamais chanter à Naples. Et il tiendra parole. Désormais célèbre, Caruso débute à Londres en 1902, à New York en 1903, à Paris en 1904. Et, coup de génie en même temps que pressentiment moderne, il accepte d'enregistrer toute une série de disques pour Gramophone Typewriter puis pour la compagnie Victor : ce seront ses meilleurs ambassadeurs. Londres le réclame, les Parisiens délirent quand il vient chanter *Rigoletto* puis *Fedora* de Giordano. Mais c'est au Metropolitan Opera de New York qu'il va forger sa gloire mondiale, y chantant quelque 607 représentations dans 37 ouvrages différents. Énumérer les étapes de sa gigantesque carrière serait fastidieux, tant il a chanté, beaucoup et partout, jusqu'à des séries de représentations au milieu de la *plaza de toros* de Mexico devant 22 000 spectateurs, enchaînant des tournées parfois exténuantes (ou risquées comme celle de Cuba où, durant une représentation d'*Aïda*, il échappe à un attentat anarchiste !) à des enregistrements de disques répétés (234 airs ou mélodies gravés pour la compagnie Victor). Finalement, c'est à Naples qu'il devait revenir pour mourir, en 1921, d'un abcès pleuro-pulmonaire, laissant le souvenir d'un chanteur exceptionnel, tant par la beauté intrinsèque de sa voix que par la richesse de ses interprétations très épurées et finalement très modernes, faisant de son chant l'expression d'une grande âme, que tous ses amis, collègues et partenaires se sont toujours plu à souligner.

En fait Chaliapine et Caruso réunissent ce que seront les exigences du chant au XXᵉ siècle : une voix, comme à toutes les époques, mais plus que jamais une personnalité expressive, une intelligence des rôles, un charisme et un engagement scénique. De ce point de vue, on peut sans doute considérer que, quel qu'ait été leur immense talent, une grande partie des artistes de la première moitié du XXᵉ siècle s'inscrit encore dans une conception dix-neuviémiste de l'opéra. Et si l'on cite des personnalités aussi légendaires que Nellie Melba ou Lauritz Melchior, Kirsten Flagstad ou Max Lorenz, Beniamino Gigli ou Ninon Vallin, Georges Thill ou Germaine Lubin, Lily Pons ou Rosa Ponselle, on comprendra que ces très grandes voix, ces personnalités au rayonnement indiscutable ne sont pas des artistes qui ont donné à l'opéra cette *dimension moderne* que, en leur temps, une Pasta ou une Malibran ont fait pressentir. Durant cette première moitié du XXᵉ siècle, une Géraldine Farrar dans le répertoire italien et une Lotte Lehmann avec Richard Strauss ont sans doute plus que d'autres compris cette nécessité nouvelle, mais c'est bien sûr la révolution opérée par Maria Callas qui va faire le lien entre les deux grandes divas romantiques, Pasta et Malibran, la dynamique enclenchée par Chaliapine et Caruso, et les exigences modernes d'un chant et d'un théâtre pour aujourd'hui.

Maria Callas

Maria Callas est née à New York le 4 décembre 1923 sous le nom de Cecilia Sophia Anna Maria Kalogeropoulos, un nom difficile qu'elle changera pour devenir un véritable mythe, se forgeant une voix, une image et un destin. On connaît bien aujourd'hui l'histoire de la grosse fille mal aimée par sa mère, qui grandit à Brooklyn dans ce foyer désuni d'immigrés grecs venus en vain chercher fortune en Amérique. Mais le chant la fascine, elle passe des heures devant la radio, elle répète, elle chante, elle gagne un concours de quartier : c'est le prétexte qu'attendait sa mère pour revenir en Grèce où son talent naissant pourra mieux s'épanouir. En effet, après avoir travaillé avec Elvira de Hidalgo, elle débute à dix-huit ans à l'Opéra d'Athènes dans le rôle-titre de *Tosca* ! Chantant l'air célèbre de l'acte II, « Vissi d'arte, vissi d'amore » (J'ai vécu d'art, j'ai vécu d'amour), elle ne se doute pas qu'elle résume là ce qui sera toute sa vie… Après ses premiers succès en Grèce, elle retourne en Amérique mais y connaît ses premières désillusions : personne alors ne veut d'elle et c'est finalement aux Arènes de Vérone, en 1947, que son destin se réalise : elle y triomphe dans *La Gioconda* de Ponchielli en imposant non seulement sa voix mais son tempérament scénique ; elle y rencontre Giovanni Battista Meneghini, qui devient son mari et, mieux, son Pygmalion. Car de rôle en rôle, de Tosca en Lucia ou de Norma en Traviata, Maria va devenir Callas, avec cette voix impérieuse et tragique qui incendie les corps, avec ces gestes exacerbés par le feu du théâtre. Sa gloire dépasse très vite l'Italie, et le monde entier se bat pour se mettre à ses pieds. En dépit de son caractère d'une indomptable exigence, les plus grands chefs, les plus grands metteurs en scène veulent travailler avec elle, Luchino Visconti entre autres, fasciné par sa voix autant que par son sens du geste : de leur rencontre naîtront quelques-uns des plus grands spectacles d'opéra de l'Histoire, *la Vestale, la Somnambule, Anna Bolena, Iphigénie en Tauride*, et surtout, en mai 1955 à la Scala, une *Traviata* demeurée légendaire où, sous la férule de Visconti et la baguette de Carlo Maria Giulini, Maria Callas incarne l'héroïne de Verdi avec une passion déchirante qui bouleverse jusqu'au fond de l'âme tous ceux qui y assistent. Mais – « Vissi d'arte, vissi d'amore » -, il y aura aussi, trois ans plus tard, la fameuse rencontre avec Onassis, rencontre de deux Grecs exilés, de deux enfants pauvres devenus des dieux en forgeant eux-mêmes leur destin. La vie de Callas bascule alors, à trente-cinq ans : moins d'opéra, plus de croisières, la une des journaux mais dans les rubriques mondaines. Conséquence : elle ne donne que sept représentations d'opéra en 1960, cinq en 1961, deux en 1962, aucune en 1963… Pourtant en 1963, Aristote Onassis rencontre Jackie Kennedy. Celle qui est devenue « la Callas » va alors jeter ses derniers feux à Londres, à Paris, et à Londres à nouveau pour une ultime représentation de *Tosca* le 5 juillet 1965. Le rideau tombe. Maria Callas, à quarante et un ans, fait ses adieux à l'opéra. Elle meurt douze ans plus tard à Paris et le service funèbre a lieu à l'église russe de la rue Daru, comme pour Chaliapine près de quarante ans plus tôt. Mais si sa carrière, dans sa partie la plus brillante, n'a guère excédé dix ans, elle a profondément bouleversé l'histoire de l'opéra. Car au-delà d'une étendue vocale exceptionnelle (qui lui permet de chanter Lucia di Lammermoor et Lady Macbeth, la Somnambule et Turandot) et d'une technique hors pair (bien que très personnelle et sans doute pas à prendre pour modèle), son talent, son génie même reposent sur une musicalité exigeante, un respect scrupuleux et une compréhension, un soin extrêmes apportés aux moindres inflexions du texte littéraire autant que musical, et surtout un timbre aux harmoniques rares, capable de colorations inouïes, une présence vocale en même temps qu'une intensité dramatique, un modernisme expressif à peu près uniques. Avec de surcroît une phonogénie qui permet aujourd'hui encore de revivre ces émotions à travers ses disques et de la *voir* par le chant au moins autant que par les images.

Après Callas il y a eu, et il y a encore, de nombreux excellents chanteurs, mais tous, consciemment ou non, ont vu leur art transformé par ce qu'a apporté Callas à l'opéra. Qu'il s'agisse de Marilyn Horne, de Montserrat Caballé ou de Joan Sutherland, qu'il s'agisse de Placido Domingo, de Ruggero Raimondi ou de Renato Bruson, mais aussi bien de Régine Crespin, Teresa Stratas ou Gwyneth Jones, tous portent quelque part l'empreinte de la révolution callassienne. Sans doute Elisabeth Schwarzkopf, Kathleen Ferrier ou, plus près de nous, Kiri Te Kanawa, Margaret Price ou Luciano Pavarotti ont-ils suivi un chemin différent, plus vocal et moins théâtral, une expressivité portée par le seul rayonnement de leurs voix splendides, mais le chemin ouvert par Callas a marqué tous ceux qui, même, semblent éloignés de son style, de Katia Ricciarelli à Leonie Rysanek ou de Barbara Hendricks à Mirella Freni, et les hommes aussi bien, de Jon Vickers à Samuel Ramey en passant par Gabriel Bacquier ou José Van Dam et tant d'autres dont il serait fastidieux de dresser la liste. Aujourd'hui, et on le voit bien avec les grands chanteurs de la nouvelle génération, les Roberto Alagna ou Natalie Dessay, Cecilia Bartoli ou June Anderson, Béatrice Uria-Monzon ou Bryn Terfel, on ne peut plus concevoir une carrière lyrique qui se satisferait de la seule splendeur vocale : il y faut la dimension théâtrale, l'attention au texte, l'intelligence des rôles, il y faut des artistes complets. C'est aussi rejoindre l'essence même de cet art que s'est voulu l'opéra dès son origine, dès son nom pluriel d'*opera* : être un spectacle total où la musique et le théâtre se nouent, se lient, se mêlent, portés par le décor, les costumes, la lumière, pour unir dans un même geste tout ce qui concourt à l'expression de l'émotion.

Ruggero Raimondi (*Don Quichotte* de J. Massenet, 1986). Photo © J. Moatti.

Luciano Pavarotti (*Luisa Miller* de G. Verdi, 1983). Photo © J. Moatti.

Cecilia Bartoli (Cherubino des *Noces de Figaro* de W. A. Mozart, 1990). Photo © Kleinefenn/Moatti.

L'OPÉRA AU CINÉMA

Le cinéma est devenu un des problèmes de l'opéra au seuil du XXIe siècle. Non que la rencontre soit véritablement nouvelle : le cinéma a, d'origine, eu affaire avec la musique, qui lui est consubstantielle d'un point de vue formel (ne serait-ce que sur le plan du rythme). Mais l'opéra en tant que tel a eu très vite affaire au cinéma – et même, c'est un paradoxe, au temps du muet, du fait sans doute des situations fortes et très contrastées qu'il véhicule. On rappellera que, dès 1903, Méliès tourne un *Faust* et que, en 1915, Cecil B. De Mille tourne une *Carmen* muette.

Depuis, on n'a pas cessé de produire des films d'opéra, même si, depuis les années 1970, avec entre autres *la Flûte enchantée* signée par Ingmar Bergman, *Don Giovanni* réalisé par Joseph Losey ou *Carmen* tournée par Francesco Rosi, le genre du film d'opéra est devenu objet de débat. Sans entrer dans cette querelle, qui oppose de manière parfois manichéenne les tenants de la pureté de l'opéra, qui ne pourrait être préservée que par l'exécution littérale des œuvres à l'intérieur des théâtres d'opéra, à ceux de la démocratisation de l'art lyrique, dont le film d'opéra (produit de surcroît parfaitement international) serait le vecteur obligé, on observera simplement que porter au cinéma, c'est-à-dire dans un autre genre, *Otello* ou *la Traviata*, n'est pas plus trahir Verdi que celui-ci ne l'a fait avec Shakespeare ou Dumas fils ! Le film d'opéra n'est pas un opéra, pas plus qu'un opéra n'est une pièce de théâtre chantée : c'est autre chose – un reflet ou une recréation. C'est aussi, assurément, une manière de le rendre accessible au grand public. Rien de plus, rien de moins non plus.

L'histoire du film d'opéra est complexe et variée. On a évoqué la période du muet avec le *Faust* de Méliès et la *Carmen* de Cecil B. De Mille, avec Géraldine Farrar (qui consent à quitter le Metropolitan Opera de New York pendant huit semaines pour un cachet de 20 000 dollars, tous frais de séjour payés à Hollywood, avec un wagon spécial mis à sa disposition pour effectuer la traversée des États-Unis : De Mille voit déjà grand). Sans effeuiller tout l'immense catalogue des films d'opéra, on citera la *Thaïs* de Frank Crane en 1917, où l'héroïne de Massenet est interprétée par Mary Garden, encore une cantatrice, créatrice quinze ans plus tôt de Mélisande à l'Opéra-Comique, payée à prix d'or (150 000 dollars !) par Samuel Goldwyn – mais qui fait un fiasco.

En 1926, le parlant est là et on fait appel à Robert Wiene, le réalisateur du *Cabinet du docteur Caligari* pour un opéra quasi contemporain, *le Chevalier à la rose* de Richard Strauss, créé quinze ans plus tôt. C'est d'ailleurs le compositeur lui-même qui se charge de l'adaptation cinématographique et qui compose pour le film une partition symphonique qui reprend les principaux thèmes musicaux de l'opéra. Mais la première vraie réussite du genre est due en 1932 à un cinéaste alors débutant, Max Ophuls, dont *la Fiancée vendue*, d'après l'opéra de Smetana, est un pur enchantement, avec de surcroît la présence de la magnifique cantatrice Jarmila Novotna, alors âgée de vingt-cinq ans. En 1938, un autre grand nom du cinéma, Abel Gance, s'essaie au film d'opéra avec *Louise*, le « roman musical » de Gustave Charpentier. Il fait appel à un grand décorateur (Georges Wakhévitch), à des chanteurs de premier ordre (Grace Moore, Georges Thill, André Pernet) et à

Charlie Chaplin's Burlesque on Carmen *(Charlot joue* Carmen*).*
D.R.

Boris Godounov de Andrzej Zulawski, 1989. Avec Ruggero Raimondi.
D.R.

Louise d'Abel Gance, 1938.
Photo © R. Voinquel,
Mission du Patrimoine.

des acteurs eux aussi excellents (Robert Le Vigan, Ginette Leclerc, Pauline Carton, Roger Blin), mais cela ne suffit pas : *Louise* est un échec.

Du règne de Carmine Gallone, sans doute plus connu du grand public comme le réalisateur de *Don Camillo*, on retiendra, parmi les nombreux films d'opéra ou inspirés par l'opéra qu'il a signés, son *Rigoletto* de 1946, avec Tito Gobbi dans le rôle-titre (et une Gilda chantée par la sublime Lina Pagliughi mais jouée à l'écran par Marcella Govoni). Dans le même esprit, on ne peut oublier le *Pagliacci* de Mario Costa en 1948, où l'on retrouve Tito Gobbi mais où, surtout, Nedda, l'héroïne de Mascagni, a la voix d'Onella Fineschi et l'apparence renversante de… Gina Lollobrigida ! Comédienne pour comédienne, il faut rappeler la prestation en 1953, dans l'*Aïda* de Clemente Fracassi, d'une certaine Sophia Loren au visage passé au brou de noix et au corsage gonflé, doublée vocalement par la voix « céleste » de Renata Tebaldi, avec quelques scènes dont le kitsch, en Technicolor baveux, suscite plus l'hilarité que le sentiment du tragique verdien – mais dont le succès est suffisamment grand à sa sortie pour que Sophia Loren elle-même le considère comme « le principal coup de pouce à sa carrière ».

Tout autre était, deux ans plus tard, le film d'Otto Preminger, *Carmen Jones*, une adaptation dans un style de comédie musicale

Aïda de Clemente Fracassi, 1953. Avec Sophia Loren.
Photo © Christophe L.

du chef-d'œuvre de Bizet, avec un couple sensationnel, Harry Belafonte et Dorothy Dandridge (doublée par une jeune inconnue qui s'appelait Marilyn Horne !) : en dépit des vociférations des héritiers de Bizet (qui devaient bloquer la diffusion commerciale du film jusqu'en 1981, quand les droits de l'opéra tombèrent dans le domaine public), cette vingtième version de *Carmen* à l'écran est une des plus réussies.

En 1975, un film d'opéra, initialement destiné à la télévision, va relancer le genre : en effet, c'est Ingmar Bergman lui-même qui réalise cette *Flûte enchantée* de Mozart, interprétée en suédois par de jeunes chanteurs, dans le décor merveilleux du petit théâtre de Drottningholm (en fait, entièrement reconstitué en studio), et avec des trouvailles visuelles d'une poésie constamment touchante, à mi-chemin entre le livre d'images et le rêve éveillé. Le succès public est considérable et correspond en ces années 1970 au regain d'intérêt pour l'opéra. Les télévisions européennes se mettent à diffuser régulièrement des opéras et quelques réalisateurs, sachant aller plus loin que la plate retransmission, offrent des films qui ajoutent à la vie propre de l'œuvre musicale : c'est le cas en Allemagne de Joachim Hess, auteur d'un bouleversant *Wozzeck* de Berg en 1971, avec Toni Blankenheim et Sena Jurinac ; c'est le cas en France de Pierre Jourdan, qui, pour la télévision, filme successivement, à Orange, *le Trouvère*, *Aïda*, *Tristan et Isolde* (avec Jon Vickers et Birgit Nilsson, l'orchestre étant dirigé par Karl Böhm !), *Norma* (avec Montserrat Caballé) et, en 1977, le plus réussi, *Fidelio* de Beethoven (avec le couple bouleversant formé par Jon Vickers et Gundula Janowitz), un véritable film, avec une ouverture au souffle d'image assez époustouflant.

En 1979, le *Don Giovanni* de Mozart réalisé par Joseph Losey va donner toute sa nouvelle dimension au film d'opéra. Tourné à Vicence et dans la lagune de Venise, le film s'impose d'abord par une grande séduction plastique autant que par la qualité de ses interprètes (Edda Moser, Kiri Te Kanawa, Teresa Berganza, José Van Dam), et en tout premier Ruggero Raimondi qui chante le rôle-titre avec un rayonnement vocal, un charisme aussi et une sorte d'animalité sensuelle d'une rare intensité. Sa carrière d'ailleurs en sera bouleversée et il sera, durant toute la décennie qui suivra, *le* Don Giovanni, réclamé comme tel sur toutes les scènes du monde. Sans doute les puristes se formaliseront-ils de tel ou tel parti pris de Losey, de sa lecture tendue à l'extrême qui fait de l'itinéraire de Don Giovanni une éperdue course à l'abîme sans laisser guère de place à son aspect *giocoso*, du manque de complexité des personnages féminins ou de l'ajout d'un « valet en noir » (interprété par le frère d'Isabelle Adjani, Éric). Mais ces réserves n'empêcheront pas le succès public de ce *Don Giovanni*, porté de surcroît par la baguette nerveuse de Lorin Maazel et poussé par la vérité saisissante donné aux récitatifs enregistrés en son direct.

À la suite de *la Flûte* et de *Don Giovanni*, plusieurs films d'opéra vont alors se succéder, sur cette base plus exigeante d'une fidélité à l'œuvre lyrique : d'un *Parsifal* de Wagner filmé par Hans-Jürgen Syberberg à l'*Orfeo* de Monteverdi porté à l'écran par Claude Goretta en passant par le *Macbeth* de Verdi, réalisé par Claude D'Anna.

Mais c'est *La traviata* de Verdi, filmée par Franco Zeffirelli, qui va constituer en 1982 un des deux plus éclatants succès publics du film d'opéra : l'impact de son sujet y contribue, tout comme l'incroyable raffinement des décors (dont la débauche de luxe a parfois été contestée), mais aussi, mais surtout la qualité d'une interprétation vocale portée par deux stars, Teresa Stratas, bouleversante de beauté, de flamme, de désespoir, et Placido Domingo, tout aussi poignant, tant vocalement que dramatiquement. Quatre ans plus tard, Zeffirelli retrouvera Verdi pour un *Otello* lui aussi superbe, porté par des décors naturels exceptionnels (le port d'Héraklion ou le château de Barletta), par un resserrement de

La Flûte enchantée d'Ingmar Bergman, 1975.
Photo © Christophe L.

Don Giovanni
de Joseph Losey, 1979.
D.R.

Parsifal
de Hans-Jürgen Syberberg,
1982.
D.R.

l'opéra, très efficace cinématographiquement (même si, bien sûr, quelques gardiens du temple lui ont reproché ces coupures), et par des interprètes encore une fois exceptionnels : à nouveau Placido Domingo, rayonnant dans ce rôle qu'il habite tout entier, et Katia Ricciarelli, dont la beauté n'a jamais été mieux utilisée. Pourtant, le film d'opéra qui constitue le sommet du genre et représente le plus grand succès public avec *la Traviata*, c'est la *Carmen* que réalise Francesco Rosi en 1984. Il faut souligner que l'opéra de Bizet, outre son extraordinaire flamboiement musical, constitue un scénario cinématographique idéal, avec ce réalisme des situations dramatiques qui semble appeler le cinéma. Rosi, fort de son expérience, sait donner toute leur expressivité, sociale autant que psychologique, aux personnages, de même qu'il sait proposer des images qui dynamisent encore le chef-d'œuvre de Bizet. Sa caméra est libre, vivante, intégrant la lumière du Sud, jouant admirablement avec la foule, sachant faire percevoir le tragique intense que concentrent les interprètes, eux aussi exceptionnels, de Ruggero Raimondi,

La Traviata
de Franco Zeffirelli, 1982. Avec Placido Domingo et Teresa Stratas.
Photo © Christophe L.

tout d'élégance brûlante en Escamillo, à Placido Domingo, torturé et bouleversant Don José, en passant par Julia Migenes qui, au moins autant par son jeu et son tempérament que par sa voix, donne à Carmen une vérité rare, faite de liberté, de provocation, de sensualité, et constitue sans doute, pour le cinéma, la Carmen idéale.

Le film d'opéra a sans doute trouvé avec cette *Carmen* sa plus grande réussite. Opéra le plus joué dans le monde, il avait d'ailleurs déjà tenté plusieurs dizaines de cinéastes, de Cecil B. De Mille à Raoul Walsh ou de Charlie Chaplin (*Charlot joue* Carmen) à Otto Preminger. Toujours est-il qu'il marque à la fois une apothéose et une fin (provisoire) : aucun des films d'opéra qui ont suivi, du *Macbeth* de Claude D'Anna au *Boris Godounov* d'Andrzej Zulawski (avec un Ruggero Raimondi pourtant extraordinaire), n'ont su toucher le public avec une telle force. Mais il reste beaucoup de films à faire pour continuer, sur ce vecteur réellement populaire, à donner à voir et à entendre le concentré d'émotion pure que demeure un opéra.

Carmen
de Francesco Rosi, 1984. Avec Placido Domingo et Julia Migenes.
D.R.

DISCOGRAPHIE

LES FONDATEURS

Gluck, *Iphigénie en Tauride* (Diana Montague, Thomas Allen, John Aller, René Massis, Colette Alliot-Lugaz ; Orchestre de l'Opéra de Lyon, dir. John Eliot Gardiner). Philips.

Gluck, *Alceste* (Jessye Norman, Nicolaï Gedda, Tom Krause, Bernd Weikl, Siegmund Niemsgern ; Orchestre symphonique de la Radio de Bavière, dir. Serge Baudo). Orfeo.

Gluck, *Orphée et Euydice* (René Jacobs, Marianne Kweksilber, Magdalena Falewicz ; La Petite Bande, dir. Sigiswald Kuijken). Accent.

Haendel, *Alcina* (Arleen Auger, Eiddween Harry, Della Jones, Kathleen Kuhlmann, Patrizia Kwella, Maldwyn Davies, John Tomlinson ; City of London Baroque Sinfonia ; dir. Richard Hickox). EMI.

Haendel, *Jules César* (Jennifer Larmore, Barbara Schlick, Bernarda Fink, Marianne Rorholm, Derek Lee Ragin, Furio Zanasi, Dominique Visse, Olivier Lalouette ; Concerto Köln, dir. René Jacobs). Harmonia Mundi.

Monteverdi, *le Couronnement de Poppée* (Danielle Borst, Guillemette Laurens, Jennifer Larmore, Axel Köhler, Michael Schopper, Lena Lotens, Christoph Homberger, Dominique Visse, Guy de Mey, Martina Bovet ; Concerto Vocale, dir. René Jacobs). Harmonia Mundi.

Monteverdi, *Orfeo* (Lajos Kozman, Rothraud Hansmann, Cathy Berberian, Eiko Katanosaka, Jacques Villisech, Concentus Musicus de Vienne, dir. Nikolaus Harnoncourt). Teldec.

Moussorgski, *Boris Godounov* (Nicolaï Ghiaurov, Ludovic Spiess, Martti Talvela, Galina Vichnievskaïa, Anton Diakov, Milen Paounov, Zoltan Kelemen, Alexeï Maslennikov ; Orchestre philharmonique de Vienne, dir. Herbert von Karajan). Decca.

Mozart, *Cosi fan tutte* (Elisabeth Schwarzkopf, Nan Merriman, Rolando Panerai, Léopold Simoneau, Lisa Otto, Sesto Bruscantini ; Orchestre Philharmonia, dir. Herbert von Karajan). EMI.

Mozart, *Don Giovanni* (Eberhard Waechter, Giuseppe Taddei, Luigi Alva, Gottlob Frick, Piero Cappuccilli, Joan Sutherland, Elisabeth Schwarzkopf, Graziella Sciutti ; Orchestre Philharmonia, dir. Carlo Maria Giulini). EMI.

Mozart, *la Flûte enchantée* (Martti Talvela, Stuart Burrows, Dietrich Fischer-Dieskau, Christina Deutekom, Pilar Lorengar, Gerhard Stolze, Hermann Prey, Renate Holm ; Orchestre philharmonique de Vienne, dir. sir Georg Solti). Decca.

Mozart, *les Noces de Figaro* (Alfred Poell, Lisa Della Casa, Hilde Güden, Cesare Siepi, Suzanne Danco ; Orchestre philharmonique de Vienne, dir. Erich Kleiber). Decca.

Pergolèse, *la Servante maîtresse* (Renato Capecchi, Maria del Carmen Bustamante ; English Chamber Orchestra, dir. Antoni Ros-Marba). Ensayo.

Pergolèse, *le Frère amoureux* (Amelia Felle, Nuccia Focile, Alessandro Corbelli, Bruno Di Simone, Bernadetta Manca Di Nissa, Nicoletta Curiel, Eilzabeth Norberg-Schülz, Luciana d'Intino, Ezio Di Cesare ; Orchestre de la Scala de Milan, dir. Riccardo Muti). EMI.

Peri, *Euridice* (Adele Bonnay, Nerina Santini, Rodolfo Farolfi ; I Solisti di Milano, dir. Angelo Ephrikian). Rivo Alto.

Purcell, *Didon et Énée* (Guillemette Laurens, Philippe Cantor, Jill Feldmann, Dominique Visse ; les Arts Florissants, dir. William Christie). Harmonia Mundi.

L'OPÉRA ITALIEN

Bellini, *la Somnambule* (Maria Callas, Nicola Monti, Nicola Zaccaria, Fiorenza Cossoto, Eugenia Ratti ; Orchestre de la Scala de Milan, dir. Antonino Votto). EMI.

Bellini, *Norma* (Maria Callas, Mario Filippeschi, Ebe Stignani, Nicola Rossi-Lemeni ; Orchestre de la Scala de Milan, dir. Tullio Serafin). EMI.

Boïto, *Mefistofele* (Nicolaï Ghiaurov, Luciano Pavarotti, Mirella Freni, Montserrat Caballé ; National Philharmonic Orchestra, dir. Oliveiro de Fabritiis). Decca.

Donizetti, *l'Élixir d'amour* (Luciano Pavarotti, Joan Sutherland, Dominic Cossa, Spiro Malas, Maria Casula ; English Chamber Orchestra, dir. Richard Bonynge). Decca.

Donizetti, *Lucia di Lammermoor* (Maria Callas, Giuseppe Di Stefano, Rolando Panerai, Nicola Zaccaria ; Orchestre symphonique du RIAS de Berlin, dir. Herbert von Karajan). EMI.

(de) Falla, *la Vie brève* (Victoria de Los Angeles ; Orchestre national d'Espagne, dir. Rafaël Frühbeck de Burgos). EMI.

Leoncavallo, *Paillasse* (Luciano Pavarotti, Mirella Freni, Ingvar Wixell, Vincenzo Bello, Lorenzo Saccomani ; National Philharmonic Orchestra, dir. Giuseppe Patanè). Decca.

Mascagni, *Cavalleria rusticana* (Julia Varady, Luciano Pavarotti, Ida Bormida, Piero Cappuccilli, Carmen Gonzales ; New Philharmonia Orchestra, dir. Gianandrea Gavazzeni). Decca.

Ponchielli, *La Gioconda* (Maria Callas, Fiorenza Cossotto, Irène Companez, Ivo Vinco, Piero Cappuccilli ; Orchestre de la Scala de Milan, dir. Antonino Votto). EMI.

Puccini, *la Bohème* (Mirella Freni, Luciano Pavarotti, Elizabeth Harwood, Rolando Panerai, Gianni Maffeo, Nicolaï Ghiaurov, Michel Sénéchal ; Orchestre philharmonique de Berlin, dir. Herbert von Karajan). Decca.

Puccini, *Madame Butterfly* (Mirella Freni, Luciano Pavarotti, Christa Ludwig, Robert Kerns, Michel Sénéchal ; Orchestre philharmonique de Vienne, dir. Herbert von Karajan). Decca.

Puccini, *Tosca* (Maria Callas, Giuseppe Di Stefano, Tito Gobbi ; Orchestre de la Scala de Milan, dir. Victor de Sabata). EMI.

Rossini, *l'Italienne à Alger* (Marilyn Horne, Samuel Ramey, Ernesto Palacio, Domenico Trimarchi, Kathleen Battle, Clara Foti, Nicole Zaccaria ; I Solisti Veneti, dir. Claudio Scimone). Erato.

Rossini, *La Cenerentola* (Cecilia Bartoli, William Matteuzi, Alessandro Corbelli, Enzo Dara, Fernando Costa, Gloria Banditelli, Michele Pertusi ; Orchestre de l'Opéra de Bologne, dir. Riccardo Chailly). Decca.

Rossini, *le Barbier de Séville* (Hermann Prey, Teresa Berganza, Luigi Alva, Paolo Montarsolo, Enzo Dara ; Orchestre symphonique de Londres, dir. Claudio Abbado). Deutsche Grammophon.

Rossini, *le Voyage à Reims* (Cecilia Gasdia, Lucia Valentini-Terrani, Lella Cuberli, Katia Ricciarelli, Eduardo Giménez, Francisco Araiza, Samuel Ramey, Ruggero Raimondi, Enzo Dara, Leo Nucci ; Orchestre de chambre d'Europe, dir. Claudio Abbado). Deutsche Grammophon.

Verdi, *Aïda* (Leontyne Price, Jon Vickers, Rita Gorr, Robert Merrill, Giorgio Tozzi ; Orchestre de l'Opéra de Rome, dir. sir Georg Solti). Decca.

Verdi, *Don Carlo* (Nicolaï Ghiaurov, Carlo Bergonzi, Dietrich Fischer-Dieskau, Martti Talvela, Renata Tebaldi, Grace Bumbry ; Orchestre du Covent Garden, dir. sir Georg Solti). Decca.

Verdi, *La traviata* (Ileana Cotrubas, Placido Domingo, Sherill Milnes, Stefania Malagu, Helena Jungwirth, Giovanni Foiani ; Orchestre de l'Opéra de Bavière, dir. Carlos Kleiber). Deutsche Grammophon.

Verdi, *le Trouvère* (Leontyne Price, Placido Domingo, Sherill Milnes, Fiorenza Cossotto, Bonaldo Giaiotti, Elizabeth Bainbridge, Ryland Davies ; New Philharmonia Orchestra, dir. Zubin Mehta). RCA.

Verdi, *Macbeth* (Piero Cappuccilli, Shirley Verrett, Placido Domingo, Nicolaï Ghiaurov ; Orchestre de la Scala de Milan, dir. Claudio Abbado). Deutsche Grammophon.

Verdi, *Nabucco* (Matteo Manuguerra, Veriano Lucheti, Nicolaï Ghiaurov, Renata Scotto, Elena Obraztsova ; Philharmonia Orchestra, dir. Riccardo Muti). EMI.

Verdi, *Otello* (Jon Vickers, Leonie Rysanek, Tito Gobbi, Florindo Andreolli, Mario Carlin, Ferrucio Mazzoli, Franco Calabrese ; Orchestre de l'Opéra de Rome, dir. Tullio Serafin). RCA.

Verdi, *Rigoletto* (Piero Cappuccilli, Placido Domingo, Ileana Cotrubas, Nicolaï Ghiaurov, Elena Obraztsova, Hanna Schwarz, Kurt Moll ; Orchestre philharmonique de Vienne, dir. Carlo Maria Giulini). Deutsche Grammophon.

L'OPÉRA ALLEMAND

Beethoven, *Fidelio* (Christa Ludwig, Jon Vickers, Gottlob Frick, Walter Berry, Ingeborg Hallstein, Gerhard Unger ; Philharmonia Orchestra, dir. Otto Klemperer). EMI.

Berg, *Lulu* (Teresa Stratas, Yvonne Minton, Hanna Schwarz, Robert Tear, Franz Mazura, Toni Blankenheim, Kenneth Riegel ; Orchestre de l'Opéra de Paris, dir. Pierre Boulez). Deutsche Grammophon.

Berg, *Wozzeck* (Walter Berry, Isabel Strauss, Albert Weikenmeier, Carl Dönch, Fritz Uhl ; Orchestre de l'Opéra de Paris, dir. Pierre Boulez). CBS.

Humperdinck, *Hänsel et Gretel* (Elisabeth Schwarzkopf, Elisabeth Grümmer, Else Schürhoff, Maria von Ilosway, Josef Metternich ; Philharmonia Orchestra, dir. Herbert von Karajan). EMI.

Strauss, *Elektra* (Inge Borkh, Marianne Schech, Jean Madeira, Fritz Uhl, Dietrich Fiescher-Dieskau ; Orchestre de la Staatskapelle de Dresde, dir. Karl Böhm). Deutsche Grammophon.

Strauss, *le Chevalier à la Rose* (Elisabeth Schwarzkopf, Otto Edelmann, Christa Ludwig, Eberhard Wächter, Teresa Stich-Randall, Ljuba Welitsch, Paul Kuen, Nicolaï Gedda ; Orchestre Philharmonia, dir. Herbert von Karajan). EMI.

Strauss, *Salomé* (Hildegard Behrens, Karl-Walter Böhm, Agnès Baltsa, José Van Dam, Wieslaw Ochman ; Orchestre philharmonique de Vienne, dir. Herbert von Karajan). EMI.

Wagner, *l'Anneau du Nibelung [l'Or du Rhin ; la Walkyrie ; Siegfried ; le Crépuscule des Dieux]* (George London, Hans Hotter, Wolfgang Windgassen, Birgit Nilsson, Set Svanholm, Gustav Neidlinger, Kirsten Flagstad, Christa Ludwig, Paul Kuen, Gerhard Stolze, James King, Régine Crespin, Gottlob Frick, Jean Madeira, Marga Höffgen, Kurt Böhme, Dietrich Fischer-Dieskau, Claire Watson ; Orchestre philharmonique de Vienne, dir. sir. Georg Solti). Decca.

Wagner, *le Vaisseau fantôme* (George London, Leonie Rysanek, Giorgio Tozzi, Karl Lieb, Rosalind Elias, Richard Lewis ; Orchestre du Covent Garden, dir. Antal Dorati). Decca.

Wagner, *Parsifal* (George London, Martti Talvela, Hans Hotter, Jess Thomas, Gustav Neidlinger, Irène Dalis ; Orchestre du Festival de Bayreuth, dir. Hans Knappertsbusch). Philips.

Wagner, *Tannhäuser* (René Kollo, Helga Dernesch, Christa Ludwig, Victor Braun, Hans Sotin, Manfred Jungwirth, Kurt Equiluz, Werner Hollweg, Norman Bailey ; Orchestre philharmonique de Vienne, dir. sir Georg Solti). Decca.

Wagner, *Tristan et Isolde* (Ludwig Suthaus, Kirsten Flagstad, Blanche Thebom, Josef Greindl, Dietrich Fischer-Dieskau, Edgar Evans, Rudolf Schock ; Philharmonia Orchestra, dir. Wilhelm Furtwängler). EMI.

Weber, *le Freischütz* (Hermann Prey, Ernst Wieman, Elisabeth Grümmer, Lisa Otto, Christian Kohn, Rudolf Schock, Gottlob Frick ; Orchestre philharmonique de Berlin, dir. Joseph Keilberth). EMI.

Weill, *l'Opéra de quat' sous* (Wolfgang Neuss, Willy Trenk-Trebitsch, Trude Hesterburg, Erich Schellow, Johanna von Kozcian, Lotte Lenya, Wolfgang Grunert ; Orchestre Sender Freies Berlin, dir. Wilhelm Brückner-Rüggeberg). CBS.

L'OPÉRA FRANÇAIS

Adam, *le Postillon de Longjumeau* (John Aler, June Anderson, François Le Roux, Jean-Philippe Lafont ; Orchestre philharmonique de Monte-Carlo, dir. Thomas Fulton). EMI.

Berlioz, *Béatrice et Bénédict* (Susan Graham, Jean-Luc Viala, Sylvia McNair, Catherine Robbin, Gilles Cachemaille, Gabriel Bacquier, Vincent Le Texier ; Orchestre de l'Opéra de Lyon, dir. John Nelson). Erato.

Berlioz, *les Troyens* (Joséphine Veasey, Jon Vickers, Berit Lindholm, Peter Glossop, Heather Berg, Roger Soyer ; Orchestre du Covent Garden, dir. sir Colin Davis). Philips.

Bizet, *Carmen* (Teresa Berganza, Placido Domingo, Ileana Cotrubas, Sherill Milnes ; Orchestre symphonique de Londres, dir. Claudio Abbado). Deutsche Grammophon.

Bizet, *les Pêcheurs de perles* (Nicolaï Gedda, Janine Micheau, Ernest Blanc, Jacques Mars ; Orchestre de l'Opéra-Comique, dir. Pierre Dervaux). EMI.

Chabrier, *l'Étoile* (Colette Alliot-Lugaz, Georges Gautier, Gabriel Bacquier, Ghyslaine Raphanel, Magali Damonte, François Le Roux, Antoine David ; Orchestre de l'Opéra de Lyon, dir. John Eliot Gardiner). EMI.

Charpentier, *Louise* (Ileana Cotrubas, Placido Domingo, Gabriel Bacquier, Jane Berbié ; New Philharmonia Orchestra, dir. Georges Prêtre). Sony.

Debussy, *Pelléas et Mélisande* (Richard Stilwell, Frederica von Stade, José Van Dam, Ruggero Raimondi, Nadine Denize, Christine Barbaux ; Orchestre philharmonique de Berlin, dir. Herbert von Karajan). EMI.

Delibes, *Lakmé* (Natalie Dessay, Gregory Kunde, José Van Dam, Delphine Haidan, Franck Leguérinel, Patricia Petibon ; Orchestre du Capitole de Toulouse, dir. Michel Plasson). EMI.

Gounod, *Faust* (Cheryl Studer, Richard Leech, José Van Dam, Thomas Hampson, Martine Mahé, Nadine Denize ; Orchestre du Capitole de Toulouse, dir. Michel Plasson). EMI.

Gounod, *Mireille* (Mirella Freni, Alain Vanzo, José Van Dam, Gabriel Bacquier, Jane Rhodes, Christine Barbaux, Marc Vento, Michèle Command ; Orchestre du Capitole de Toulouse, dir. Michel Plasson). EMI.

Gounod, *Roméo et Juliette* (Alfredo Kraus, Catherine Malfitano, Ann Murray, Jocelyne Taillon, José Van Dam, Gabriel Bacquier, Gino Quilico, Charles Burles ; Orchestre du Capitole de Toulouse, dir. Michel Plasson). EMI.

Halévy, *la Juive* (José Carreras, Julia Varady, Dalmacio Gonzales, June Anderson, Ferrucio Furlanetto, René Massis, René Schirrer ; Philharmonia Orchestra, dir. Antonio de Almeida). Philips.

Landowski, *Montségur* (Karen Armstrong, Gino Quilico, Michel Sénéchal, Rémy Corraza, Pierre Thau, Alain Fondary ; Orchestre de l'Opéra de Paris, dir. Michel Plasson). Cybelia.

Massenet, *Manon* (Beverly Sills, Nicolaï Gedda, Gérard Souzay, Gabriel Bacquier ; New Philharmonia Orchestra, dir. Julius Rudel). EMI.

Massenet, *Werther* (Alfredo Kraus, Tatiana Troyanos, Matteo Manuguerra, Christine Barbaux, Jules Bastin ; Orchestre philharmonique de Londres, dir. Michel Plasson). EMI.

Messiaen, *Saint-François d'Assise* (José Van Dam, Christiane Éda-Pierre, Kenneth Riegel, Michel Philippe, Georges Gautier, Michel Sénéchal, Jean-Philippe Courtis ; Orchestre de l'Opéra de Paris, dir. Seiji Ozawa). Cybelia.

Meyerbeer, *les Huguenots* (Ghyslaine Raphanel, Françoise Pollet, Danielle Borst, Richard Leech, Gilles Cachemaille, Boris Martinovic, Nicolas Ghiuzelev ; Orchestre philharmonique de Montpellier, dir. Cyril Diederich). Erato.

Offenbach, *les Contes d'Hoffmann* (Placido Domingo, Joan Sutherland, Gabriel Bacquier, Huguette Tourangeau, Jacques Charon, Hugues Cuénod, Paul Plishka ; Orchestre de la Suisse romande, dir. Richard Bonynge). Decca.

Poulenc, *Dialogues des carmélites* (Catherine Dubosc, Rita Gorr, Rachel Yakar, Martine Dupuy, Brigitte Fournier, José Van Dam, Jean-Luc Viala ; Orchestre de l'Opéra de Lyon, dir. Kent Nagano). Virgin.

Rameau, *Platée* (Gilles Ragon, Jennifer Smith, Guy de Mey, Vincent Le Texier, Guillemette Laurens, Véronique Gens ; les Musiciens du Louvre, dir. Marc Minkowski). Erato.

Ravel, *l'Enfant et les sortilèges* (Françoise Ogéas, Janine Collard, Jane Berbié, Colette Herzog, Sylvaine Gilma, Michel Sénéchal, Camille Maurane, Heinz Rehfuss ; Orchestre national de la RTF, dir. Lorin Maazel). Deutsche Grammophon.

Saint-Saëns, *Samson et Dalila* (Rita Gorr, Jon Vickers, Ernest Blanc, Anton Diakov, Rémy Corraza ; Orchestre de l'Opéra de Paris, dir. Georges Prêtre). EMI.

LES AUTRES ÉCOLES NATIONALES

Bartók, *le Château de Barbe-Bleue* (Eva Marton, Samuel Ramey ; Orchestre de l'État hongrois, dir. Adam Fischer). CBS.

Britten, *Peter Grimes* (Jon Vickers, Heather Harper, Jonathan Summers, Elizabeth Bainbridge, Richard van Allan, Forbes Robinson, Thomas Allen ; Orchestre du Covent Garden, dir. sir Colin Davis). Philips.

Chostakovitch, *Lady Macbeth de Mzensk* (Galina Vichnievskaïa, Nicolaï Gedda, Dmiter Petkov, Werner Krenn, Robert Tear, Leonard Mroz, Aage Haugland, Birgit Finnilä ; Orchestre philharmonique de Londres, dir. Mstislav Rostropovitch). EMI.

Gershwin, *Porgy and Bess* (Willard White, Cynthia Haymon, Damon Evans, Harolyn Blackwell, Cynthia Clarey) ; The London Philharmonic, dir. Simon Rattle). EMI.

Janáček, *Jenůfa* (Elisabeth Söderström, Wieslaw Ochmann, Peter Dvorsky, Eva Randova, Lucia Popp ; Orchestre philharmonique de Vienne, dir. sir Charles Mackerras). Decca.

Moniuszko, *le Manoir hanté* (Andrzej Hiolski, Bozena Betley-Sieradzka, Wiera Baniewicz, Wielaw Ochmann, Leonard Mroz ; Orchestre de la Radio Télévision polonaise de Cracovie, dir. Jan Krenz). Rodolphe Productions.

Smetana, *la Fiancée vendue* (Gabriela Benackova, Peter Dvorsky, Jindrich Jindrak, Marie Vesela, Jaroslav Horacek, Marie Mrazova, Orchestre philharmonique tchèque, dir. Zdeněk Kosler). Supraphon.

Tchaïkovski, *Eugène Onéguine* (Thomas Allen, Mirella Freni, Neil Shicoff, Anne-Sofie von Otter, Paata Burchuladze, Michel Sénéchal ; Orchestre de la Staatskapelle de Dresde, dir. James Levine). Deutsche Grammophon.

Tchaïkovski, *la Dame de Pique* (Maria Guleghina, Gegam Grigorian, Irina Arkhipova, Vladimir Chernov, Nikolai Poutiline, Olga Borodina ; Orchestre du Théâtre Mariinsky de Saint-Pétersbourg, dir. Valery Gergiev). Philips.

*Nous remercions particulièrement
pour leur contribution à l'iconographie de ce livre :*
L'Opéra national de Paris
Le Grand Théâtre de Genève
Le Théâtre de la Monnaie de Bruxelles
L'Opéra royal de Wallonie
Le Drottningholms Slottsteater
Le Magyar Allami Operahaz de Budapest
Le Teatr Wielki de Varsovie
L'Oper de Leipzig
Le Teatro de La Zarzuela de Madrid
Le Théâtre impérial de Compiègne
L'Atelier lyrique de Tourcoing
L'Ente Lirico Arena di Verona
L'Office du tourisme australien
Le Festival d'Aix-en-Provence
André Tubeuf
Erato Disques

Achevé d'imprimer en septembre 1999 par
IME à Baume-les-Dames
n° de projet: 100 68 476 (1) 8000 - CDM 135*